100 idées tordues sur le corps, la santé, le sexe...

Anahad O'Connor

Traduit de l'anglais par
Julien Ramonet

DUNOD

Illustration de couverture : Cécile Puech
Maquette de couverture : Jean-Christophe Courte
Illustrations intérieures : Leif Parsons, Rachid Maraï

© Dunod, Paris, 2008
ISBN 978-2-10-051728-2

Table des matières

45 minutes après le repas pour se baigner ? – Faut-il marcher ou courir sous la pluie pour être le ou la moins mouillé(e) ? – Peut-on vraiment attraper froid quand il fait froid ? – L'arthrite est-elle sensible au changement de temps ? – Perd-on la plus grande partie de sa chaleur corporelle par la tête ?

Introduction

En tant que reporter au *New York Times*, j'ai l'habitude de rendre compte de nouvelles qui touchent des millions de gens – les dernières avancées de la recherche sur les causes du cancer, une tendance inquiétante concernant la santé des enfants, une controverse sur un médicament fréquemment prescrit, la propagation d'une épidémie de maladie de la vache folle ou de grippe aviaire…

Mais, dès que quelqu'un apprend que je traite des questions de santé publique pour le *Times*, il ou elle me pose inévitablement la question qu'il ou elle avait en tête depuis des années. Ma meilleure amie a-t-elle raison d'avoir peur des fours à micro-ondes ? Ce que mon père m'a dit sur la calvitie est-il vrai ? L'échinacée de mon armoire à pharmacie m'aide-t-elle vraiment à lutter contre le rhume ? Tousser peut-il me sauver si j'ai une crise cardiaque ? Et comment un homme peut-il dire si une femme simule ?

Pas étonnant que les histoires de bonnes femmes et les remèdes de grands-mères aient souvent autant de pouvoir sur le contenu de notre armoire à pharmacie que les prescriptions médicales. À l'ère des études en double aveugle, des innombrables guides pour se soigner soi-même et de l'explosion du nombre de sites Internet recensant symptômes et traitements, il semblerait qu'il y ait beaucoup plus de réponses que de questions.

Il se trouve que certains remèdes de bon sens sont fondés et que d'autres ne sont que balivernes. Mais lesquels ? C'est la raison pour laquelle un éditeur et moi avons, il y a quelques années, inauguré la rubrique « *Really ?* » (« Vraiment ? ») du *Times* pour soumettre des questions persistantes mais ignorées au regard critique des études scientifiques rigoureuses.

Voici donc les réponses que j'ai trouvées en interrogeant des experts, en écumant la littérature médicale et en réévaluant tous ces conseils que me donnaient – et, à en croire les lettres que j'ai reçues, je ne suis pas seul dans ce cas – mes parents, mes frères et sœurs, mes professeurs et mes grands-parents. Nous irons de l'extrêmement pratique à l'historiquement remarquable – comme la raison pour laquelle la stratégie de la Grande-Bretagne pendant la Seconde Guerre mondiale a fait que des générations entières d'enfants ont été forcées à manger des carottes.

Ces histoires offrent également un aperçu des détours extraordinaires et parfois comiques que les scientifiques ont empruntés pour dévoiler des curiosités intrigantes et originales concernant notre santé. Il suffit de regarder les légions de chercheurs qui ont enfermé des gens dans des réfrigérateurs, récolté des sécrétions nasales et mis des vêtements mouillés pour voir si l'on peut vraiment « prendre froid ». Et qui aurait pensé aux équipes de chercheurs qui ont écumé les maisons de retraite à la recherche de personnes qui ont craqué leurs doigts toute leur vie et ont de l'arthrite pour voir si les mises en gardes maternelles sont fondées ? Sans parler des études qui se sont intéressées aux menus familiaux pour voir si le bouillon de poulet pouvait vraiment guérir un rhume ?

Bienvenue dans la rubrique « *Really ?* ».

REMERCIEMENTS

Je dédie ce livre à ma mère Karen pour son amour et son soutien inconditionnels et au regretté John Wilson, mon tout premier éditeur au *Times*, qui me manque énormément.

1. Nature humaine ?

Le grand jeu de l'ADN

Notre ADN détermine-t-il notre destin ? Fut un temps où les scientifiques pensaient que nos gènes n'étaient responsables que de quelques-unes de nos caractéristiques physiques. Nous étions comme des ardoises quasiment vierges et notre comportement était largement dicté par notre environnement et façonné par des années de réactions aux stimuli extérieurs.

C'était une conception un peu trop simpliste. Une meilleure compréhension de la génétique humaine a fini par montrer que nous n'avons pas autant de contrôle sur ce que nous sommes et sur la façon dont nous nous comportons que nous le pensons, même si cela peut paraître insensé. Il y a quelques années, une étude du génome humain récemment séquencé a montré qu'il existe des gènes permettant de déterminer si une personne a des chances de devenir obèse, alcoolique ou de rechercher des sensations fortes. Il existerait même un gène de la timidité.

Pourtant la vérité semble bien être à mi-chemin : beaucoup de nos traits sont à la fois hérités et dus à notre interaction avec le monde. Ce n'est pas « l'inné contre l'acquis » mais « l'acquis qui complète l'inné ». Nos gènes nous mettent sur un chemin et nous guident mais ce sont en fin de compte nos expériences passées qui nous poussent à décider jusqu'où nous allons et où nous nous arrêtons.

Cela dit, notre nature humaine nous pousse à nous demander jusqu'où et comment nos gènes contrôlent notre vie.

Entre autres, nous voulons savoir comment nous fonction-
nons et pourquoi nous sommes qui nous sommes. Notre
désir d'avoir une vague idée de notre destin est un autre facteur. Si quelqu'un pouvait vous dire quel jour et à quelle
heure vous allez mourir, ne voudriez-vous pas le savoir ?

LES POILS REPOUSSENT-ILS PLUS DRUS QUAND ON LES COUPE OU QUAND ON S'ÉPILE ?

Pour une raison inconnue, les gens de tous âges considèrent
que cette question a une importance biblique, plus vitale que
celles concernant les maladies et plus pressante que les
effrayantes histoires de bonnes femmes répandues depuis des
siècles.

Cet intérêt s'explique peut-être en partie par le fait que
couper ou épiler des cheveux ou des poils sur différentes parties du corps nous touche tous à un moment donné – parfois,
on voudrait avoir des cheveux ou une barbe plus épais et, par-

fois, on ne voudrait pas avoir de poils du tout. Et nous avons presque tous grandi en pensant que cette affirmation est vraie. Je dois avouer que, quand j'étais petit, je prenais parfois la mousse à raser et le rasoir de mon père, je me glissais dans la salle de bain et je me rasais une moustache que je n'avais pas pour qu'elle devienne comme celle de Tom Selleck. Par contre, pour mes sœurs et les autres femmes, l'idée que les poils repoussent plus épais et plus noirs est un cauchemar et une raison pour dépenser de l'argent en cire et en rendez-vous chez l'esthéticienne.

Pourtant, malgré ce que pensent des millions de personnes, épiler ou raser n'importe quelle partie de son corps ne fait pas repousser les poils plus vite et ne les fait pas grossir ni changer de texture. La date de naissance de ce mythe n'est pas clairement définie mais il est présent dans la littérature scientifique depuis plus d'un demi-siècle. Les premières études montrant que se raser ou s'épiler ne stimulent pas la croissance des poils furent menées dans les années 1920 et de nombreuses autres furent menées depuis. Elles parvinrent toutes aux mêmes conclusions : la longueur, la texture et la rigidité des poils sont déterminées par la génétique et les niveaux hormonaux, pas par la fréquence à laquelle vous vous rasez ou vous vous épilez.

Mais, selon les dermatologues, il y a plusieurs raisons qui font que s'épiler souvent donne l'impression que les poils repoussent plus vite et plus épais.

De nombreuses personnes – y compris moi-même – commencent à se raser jeunes, quand leur barbe ou leurs poils sont encore clairs ou ne poussent pas à la vitesse à laquelle ils sont censés pousser. Comme les poils sont plus foncés et plus durs à la racine, en enlever les pointes donne aux poils une apparence plus drue. Une barbe de quelques jours est plus visible que la même longueur de poils sur une barbe déjà longue. De plus, beaucoup de gens ne réalisent pas que les poils et les cheveux que l'on voit au-dessus de la peau sont déjà morts, ce qui signifie que l'on ne peut pas affecter la partie vivante, qui se trouve sous la peau. Quelle que soit la fréquence à laquelle vous tondez ou rasez vos poils, ils repousseront toujours à la même vitesse – environ un centimètre par mois.

Les garçons et les hommes qui se rasent n'accéléreront pas l'apparition de la barbe de bûcheron tant désirée et – heureusement pour elles – les femmes qui se débarrassent du duvet sur leur visage ne finiront pas par avoir une vraie moustache.

LA CALVITIE S'HÉRITE-T-ELLE DE LA BRANCHE MATERNELLE DE LA FAMILLE ?

Avant de répondre à cette question, nous devrions peut-être nous intéresser à une autre question qui semble ici beaucoup plus importante : pourquoi les hommes chauves ont-ils si mauvaise presse ?

Depuis le Moyen Âge, les gens considèrent la calvitie comme une maladie, un peu comme une mauvaise peau ou la lèpre. Il y a des centaines d'années, la calvitie était un signe de maladie mentale; le raisonnement était le suivant : un esprit fragile ne peut pas garder une tête couverte de cheveux, comme une terre sèche ne peut pas porter de plantes. Puis vinrent ceux qui associaient la faible quantité de cheveux à une frustration sexuelle, une conclusion provenant de l'observation des eunuques, qui n'avaient aucun désir sexuel. Il semblerait que les hommes qui n'ont pas de testicules ne deviennent jamais chauves.

Toutes ces horribles remarques ont poussé les hommes à développer des stratégies coûteuses et parfois ridicules pour garder leurs cheveux, à dépenser des millions en pilules, en crèmes et en autres remèdes douteux. Vous rappelez-vous de la mode de l'« afflux sanguin » dans les années 1980 qui a poussé des centaines d'hommes craignant de devenir chauves à littéralement se mettre sur la tête parce qu'une théorie fumeuse affirmait que la perte des cheveux était due à une baisse de l'afflux sanguin dans le cuir chevelu ?

Ce n'est qu'il y a une cinquantaine d'années que les chercheurs ont proposé une théorie crédible : la calvitie est liée au chromosome X, que les hommes héritent de leur mère. Cela a poussé un nombre considérable d'hommes qui perdaient leurs cheveux à faire des reproches à leur mère – ou, plus précisément, au père de leur mère.

Mais la plupart des scientifiques disaient que cela ne pouvait pas être vrai. Tous les reproches et le ressentiment des petits-fils chauves envers leur grand-père maternel étaient déplacés car, selon eux, la calvitie est due à un fort niveau de testostérone, d'où le fait que les hommes castrés (et les femmes en général) ne deviennent pas chauves.

Nous savons finalement que les deux camps avaient raison. À la suite d'études génétiques poussées en 2005, des scientifiques ont pu mettre en évidence une variation génétique qui apparaît fréquemment chez les hommes chauves. Elle fut identifiée dans une étude de l'*American Journal of Human Genetics* qui s'intéressa à des hommes chauves de quatre-vingt-quinze familles différentes, dont au moins deux frères perdaient précocement leurs cheveux. Le coupable, une variation du gène du récepteur de l'androgène, se trouve sur le chromosome X, que les hommes héritent de leur mère (le Y vient du père). Il se trouve que cette variation augmente les effets de la testostérone et des autres hormones mâles, appelées androgènes, que l'on a reliées depuis longtemps à la calvitie. Selon les scientifiques, cette variation génétique est un prérequis indispensable à la calvitie précoce de nombreux hommes mais il est également possible que plusieurs autres gènes et autres facteurs soient impliqués à un moindre degré, y compris des gènes responsables d'une chute précoce de cheveux du côté paternel de la famille.

Tout cela signifie deux choses. Si vous êtes un homme et si votre grand-père maternel n'avait pas (beaucoup) de cheveux, préparez-vous à l'éventualité de devenir un jour chauve. Ensuite, si vous êtes déjà chauve et si vous lisez ce livre en équilibre sur la tête, vous pouvez vous relever.

LES BÉBÉS ONT-ILS TENDANCE À PLUS RESSEMBLER À LEUR PÈRE ?

C'est une des premières questions qui traversent l'esprit des parents d'un nouveau-né : est-ce que le bébé me ressemble ? Les deux parents veulent voir les traits de leur visage sur celui du bébé, mais Papa a vraiment l'impression qu'il ou elle a hérité de son nez. Pour les jeunes pères, il y eut peut-être un temps où voir un visage familier dans celui du bébé était plus une question de nécessité que de vanité. Une mère est toujours certaine que le bébé est le sien; ça, c'est sûr. Mais, bien avant l'invention des tests de paternité, un père ne pouvait jamais être sûr que le bébé était bien de lui. Si le but fondamental de la reproduction est de transmettre ses gènes, alors pourquoi, du point de vue évolutionniste, un mâle investirait-il son temps, son énergie et ses ressources pour élever un enfant qui n'est pas forcément le sien alors qu'il pourrait facilement aller voir ailleurs et en concevoir un autre ?

Les scientifiques ont pensé pendant des années que des pressions évolutionnistes auraient favorisé la ressemblance de l'enfant à son père. Au cas où le père penserait que l'enfant n'est pas de lui, la probabilité pour qu'il l'abandonne, voire le tue sur-le-champ, serait beaucoup trop importante. Il n'est pas nécessaire d'aller chercher très loin de nous : l'infanticide est très répandu chez les chimpanzés et chez d'autres animaux. De plus, les scientifiques qui soutiennent cette théorie font également remarquer que, même chez les humains, les enfants ont plus de risques d'être tués ou abusés par leurs beaux-parents que par leurs parents naturels.

Cependant il y a également des raisons de soupçonner que la théorie inverse serait vraie. Ne pourrait-il pas également être dans l'intérêt de l'enfant de cacher sa véritable identité ? Si un enfant ressemblait énormément à son père, alors son « père » potentiel pourrait être certain qu'il est de lui mais également, le cas échéant, qu'il n'est pas de lui. Pour l'enfant, ressembler de façon frappante à un homme en particulier augmenterait la probabilité d'être abandonné autant que celle d'être accepté.

Ces études ont pourtant tendance à prouver le contraire. Une étude de 1995 publiée dans le journal *Nature*, par exemple, a testé cette théorie en demandant à cent vingt-deux personnes d'appairer des photos d'enfants qu'ils ne connaissaient pas – à un an, dix ans et vingt ans – avec les photos de leur père et de leur mère. Les personnes testées ont correctement associé la moitié des enfants avec leur père mais le taux de réussite fut très inférieur quand il s'agit de les relier à leur mère. Et appairer les enfants de vingt ans fut aussi difficile avec un parent qu'avec l'autre.

Un autre article de 2003 aboutit aux mêmes conclusions bien que l'équipe de recherche eût choisi une approche plus inhabituelle. Les chercheurs prirent des photos du visage d'un groupe de personnes et les « mélangèrent » avec des photos de visage de bébé sans en informer les personnes testées. Quand ils reçurent les photos retouchées par ordinateur, les hommes indiquèrent plus souvent qu'ils adopteraient ou passeraient du temps avec les bébés – garçon ou fille – qui avaient les caractéristiques de leur visage. En revanche, les femmes qui participèrent à cette étude ne montrèrent aucune préférence pour les enfants présentant leurs caractéristiques.

Comme pour la plupart des théories évolutionnistes, l'affaire n'est pas classée, peut-être parce qu'il y a trop d'incertitudes. Imaginez la vie il y a des milliers d'années, avant qu'il y ait des miroirs ou des appareils photo. Comment nos prédécesseurs pouvaient-ils savoir à quoi ils ressemblaient ?

Même si un bébé ressemblait un peu à son père, comment ce dernier l'aurait-il su ?

Personne ne peut le dire de façon certaine. Pourtant, aujourd'hui, il existe aux États-Unis des programmes télévisés qui résolvent les cas de paternité douteuse.

DEUX VRAIS JUMEAUX ONT-ILS LES MÊMES EMPREINTES DIGITALES ?

Ils ont des traits de personnalité, des intérêts et des habitudes communs. Ils proviennent du même œuf et ont le même patrimoine génétique.

Ils sont impossibles à distinguer lors d'un test génétique classique. Mais les experts de la police vous diront qu'il y a au moins une méthode fiable pour différencier deux vrais jumeaux : malgré ce que beaucoup de gens pensent, ils n'ont pas les mêmes empreintes digitales.

Comme l'apparence physique et la personnalité, les empreintes digitales d'une personne proviennent de son ADN et d'un ensemble de facteurs environnementaux. La génétique aide à déterminer les motifs généraux d'une empreinte digitale – les arcs, les boucles, les spirales et les ellipses. Un doigt peut ne porter qu'un seul motif ou un mélange de plusieurs.

Mais il existe aussi de nombreux autres facteurs qui entrent en jeu. Quand un fœtus se développe, les rides des motifs sur ses doigts sont modifiées par la croissance des os, les pressions à l'intérieur de l'utérus et les contacts avec le liquide amniotique. Selon Gary W. Jones, un ancien spécialiste des empreintes digitales au FBI, ce sont les raisons pour lesquelles les empreintes digitales d'une personne sont uniques.

Des vrais jumeaux ont souvent des structures similaires car ils ont les mêmes gènes. Mais on ne trouve jamais les mêmes détails. « Il est impossible que deux personnes aient les mêmes empreintes digitales », poursuit Jones, aujourd'hui consultant privé à Summerfield en Floride. « Cela fait environ cent ans que l'on étudie les empreintes digitales et on n'a jamais trouvé deux personnes qui avaient les mêmes. »

Les motifs sur les doigts, les paumes et les pieds d'une personne sont entièrement formés aux environs du cinquième mois de grossesse. Sauf en cas de mutilation importante ou de maladie de la peau, les empreintes digitales restent les mêmes tout au long de la vie. Même en cas de blessure grave, elles changent très peu.

John Dillinger, le célèbre dévaliseur de banques à l'époque de la Grande Dépression, essaya d'échapper aux autorités en modifiant son visage et en effaçant ses empreintes digitales avec de l'acide. Ce fut sa dernière erreur. Après qu'il eut été tué, les experts identifièrent certaines structures sur ses doigts et n'eurent aucun mal à l'identifier.

LES AÎNÉS D'UNE FRATRIE SONT-ILS VRAIMENT PLUS INTELLIGENTS ?

Étant le sixième de sept frères et sœurs – quatre filles et trois garçons –, j'ai toujours essayé de me montrer à leur hauteur. Grandissant dans leur ombre, j'ai dû me battre pour m'affirmer. S'ils offraient une carte à notre mère pour son anniversaire, je lui préparais un gâteau. Mon plus grand frère jouait au hockey, je me suis donc inscrit et je suis devenu capitaine. C'est en chimie qu'il était le plus fort à l'école, j'ai donc beaucoup travaillé la chimie.

Tous ceux qui ont grandi dans une famille nombreuse ont connu cette rivalité entre frères et sœurs sous une forme ou une autre. Quand j'ai appris, il y a plusieurs années, qu'il y avait des preuves scientifiques selon lesquelles les aînés sont souvent plus intelligents, je me suis senti humilié.

Il se trouve que la littérature scientifique abonde d'études affirmant que le QI et d'autres indicateurs de l'intelligence diminuent en fonction de l'âge des membres d'une fratrie. C'est un phénomène soi-disant dû aux contraintes croissantes qui pèsent sur le temps, l'énergie et les ressources des parents au fur et à mesure que la famille s'agrandit. Selon une autre théorie, les aînés sont plus intelligents car ils sont surtout en contact avec des adultes pendant les premières années de leur vie, ce qui les force à mûrir plus vite que les enfants qui interagissent surtout avec d'autres enfants. Il est certain que mes parents ont été plus occupés avec sept enfants qu'avec le premier et que, que nous soyons en train de nous battre, de jouer au basket ou en colonies de vacances, mes frères, mes sœurs et moi passions presque tout notre temps ensemble, mais en quoi cela aurait-il pu porter préjudice à mon intelligence ?

Heureusement, la science semble prouver que l'effet dû à l'ordre de la naissance relève plus du mythe que de la réalité. De nombreuses études ont discrédité cette thèse. Une étude publiée en 2006 a analysé des données concernant trois mille fratries collectées sur douze ans et a montré que naître en premier ou en dernier ne faisait aucune différence.

La taille de la famille semble être le facteur le plus important. Les enfants de familles nombreuses, en particulier celles dans lesquelles la mère a eu son premier enfant jeune, ont des scores plus faibles que ceux de familles plus réduite. Dans les études, ils semblent avoir des scores plus élevés aux tests d'intelligence uniquement quand leur mère est plus âgée. Cela paraît surprenant, jusqu'à ce que l'on prenne en compte l'aspect socio-économique. Les jeunes mères ont en moyenne des revenus inférieurs et ont fait moins d'études – des facteurs qui, d'après les scientifiques, pourraient avoir une influence négative sur les scores des enfants aux tests.

Selon le Dr Aaron L. Wichman, un psychologue de l'Ohio State University aux États-Unis qui a étudié l'effet du rang de naissance, « l'âge d'une mère est associé à de nombreuses variables qui peuvent affecter l'environnement dans lequel l'enfant grandit. Ce n'est pas votre rang de naissance qui compte, c'est votre environnement familial et votre patrimoine génétique ».

Jeunes frères et sœurs, vous avez le droit de vous vanter.

LE STRESS QUE SUBIT UNE FEMME ENCEINTE PEUT-IL NUIRE AU BÉBÉ ?

La plupart des femmes enceintes savent que ce qu'elles mangent ou boivent va directement à l'enfant. Il semble donc logique de penser que le stress auquel une future maman est exposée peut affecter son bébé – et vraisemblablement lui nuire.

La croyance répandue selon laquelle le stress peut perturber le développement d'un fœtus et doit à tout prix être évité semble être un produit de notre société moderne, où la technologie nous permet de surveiller le moindre hoquet ou battement de paupières d'un fœtus et où les femmes doivent placer la santé de leur bébé avant tout le reste.

Cette affirmation est récurrente depuis des siècles, dans les fictions, les contes populaires et les textes religieux. Dans une scène d'*Henry VIII* de Shakespeare (troisième partie), la reine Elizabeth, enceinte, se bat contre l'angoisse et dit : « Avec mes soupirs ou mes larmes je détruis ou noie le fruit du Roi Édouard. » Mais ce n'est qu'à la fin du XXᵉ siècle que nous avons finalement pu étudier cette question de façon scientifique et les révélations de ces études sont surprenantes. De grandes souffrances émotionnelles et une angoisse importante peuvent ralentir le développement du fœtus et augmenter le risque de fausse couche – mais un peu de stress et d'anxiété peuvent également avoir des effets bénéfiques.

Il n'y a pas de liaisons nerveuses entre une mère et son fœtus : le stress doit donc l'atteindre de façon indirecte ; on pense que cela peut se faire de deux façons. Le stress peut faire baisser la circulation de sang en direction du fœtus, ce qui peut priver ce dernier d'oxygène et de nourriture. Des hormones liées au stress peuvent également traverser le placenta. Certaines hormones du stress comme le cortisol sont nécessaires à la croissance des organes et au développement normal du fœtus mais elles peuvent avoir un effet néfaste lorsque leur niveau est trop faible ou trop élevé.

La plupart des preuves que le stress maternel entraîne des dommages à long terme et des problèmes de comportement dans la vie future d'un enfant proviennent d'études menées sur les animaux. La plupart des scientifiques extrapolent cependant ces résultats avec prudence aux humains car les situations stressantes qu'ils créent – contraintes physiques, exposition prolongée à de la musique forte – ne ressemblent (espérons-le) pas vraiment à ce que les humains vivent.

Il existe cependant quelques études montrant que le chagrin de la mère peut ralentir et perturber le développement du fœtus. Un exemple marquant : une étude menée par une équipe de la Mount Sinaï Medical School s'est intéressé à cent quatre-vingt-sept femmes enceintes qui vivaient près des tours du World Trade Center le 11 septembre 2001 ou qui s'en sont échappées. Les femmes qui souffraient du syndrome de stress post-traumatique (SSPT) le plus important ont donné naissance aux bébés ayant le plus faible tour de tête, signe d'un retard de développement cognitif.

Mais une femme enceinte en Occident ne vit rien d'aussi traumatisant. Le stress auquel la plupart des femmes enceintes sont exposées au jour le jour est modéré et provient en général de la famille, du travail et des problèmes personnels. Récemment, des chercheurs de l'université John Hopkins et du National Institute of Health (Institut national de la santé) ont essayé d'examiner l'impact à long terme de différents niveaux normaux de stress sur un fœtus, ils ont été abasourdis.

L'étude, qui suivit cent trente-sept femmes en bonne santé dont la grossesse était normale, a révélé que celles qui rapportaient avoir subi un niveau modéré de stress quotidien avaient donné naissance à des enfants qui, comparés à leurs pairs, étaient, à deux ans, en avance sur les plans mental et moteur – une découverte qui contredit beaucoup de suppositions tirées des expériences sur les animaux.

Il est possible que le cortisol soit extrêmement bénéfique à des niveaux modérés. Il est également possible que les femmes qui doivent faire face à un stress quotidien connaissent la réussite et soient donc plus susceptibles de pousser leurs enfants. Pour Janet Di Pietro, une psychologue spécialisée dans le développement et qui a beaucoup publié sur le sujet, dans un cas comme dans l'autre, une chose est claire : « Les femmes enceintes ne doivent pas s'inquiéter de s'inquiéter. »

C'est un soulagement.

LES GRANDS VIVENT-ILS PLUS VIEUX QUE LES PETITS ?

Tout le monde sait qu'être grand procure des avantages : de meilleures perspectives sociales et économiques, un avantage dans la séduction ou encore de meilleures chances de rentrer en NBA (National Basketball Association). Mais faut-il réellement ajouter une vie plus courte à la liste des injustices dont sont victimes les personnes petites ?

C'est la conclusion à laquelle sont parvenus de nombreux scientifiques qui affirment que, malheureusement pour ceux d'entre nous qui mesurent 1,70 mètre, une plus grande taille signifie une vie plus longue. Cette découverte s'accorde sans doute avec ce que vivent les personnes petites dans une société où être grand présente d'énormes avantages. Les études montrent que les personnes de grande taille sont toujours considérées comme plus intelligentes, plus attirantes et plus sympathiques. Seulement cinq des quarante-deux présidents des États-Unis étaient plus petits que la moyenne. Les grands Américains ont plus de chances de se marier et d'avoir des enfants que leurs compatriotes plus petits. Une étude de 2006 réalisée par deux économistes de l'université de Princeton aux États-Unis a même conclu que les gens grands gagnent plus d'argent parce qu'ils sont plus intelligents. Aïe !

Mais cette différence de durée de vie a plus à voir avec des observations historiques qu'avec des tests d'intelligence. Les scientifiques savent depuis des années que, à mesure que le niveau de vie d'une société s'élève – et donne un meilleur accès à l'alimentation –, la taille moyenne et l'espérance de vie augmentent. La malnutrition et la pauvreté, par contre, ont un effet inverse.

On peut constater cet effet en Chine moderne, où la taille moyenne, qui a crû d'environ deux centimètres par décennie, a augmenté avec le développement de l'économie. De même, la taille moyenne a augmenté en Corée du Sud. La taille moyenne des hommes sud-coréens est significativement supérieure à celle de leurs voisins de Corée du Nord, où la malnutrition est endémique.

Beaucoup de chercheurs ont donc affirmé qu'être grand est un signe de bonne santé et donc d'une meilleure espérance de vie. Par exemple, un groupe d'épidémiologistes de l'université de Bristol en Angleterre a montré que les personnes plus grandes ont moins de chances de mourir d'une maladie coronarienne, d'une maladie respiratoire ou d'un cancer de l'estomac que les personnes plus petites. Une autre étude s'est intéressé à des squelettes vieux de trois cents ans exhumés d'un site au nord-est de l'Angleterre et, après avoir exclu les os des enfants, a découvert que les os les plus longs appartenaient aux personnes qui avaient vécu le plus longtemps.

Mais d'autres disent qu'il vaut mieux être petit. Les personnes grandes consomment plus de calories et qui dit plus de calories dit vieillissement plus rapide. Les hommes sont en moyenne 8 % plus grands que les femmes et les femmes ont une meilleure espérance de vie. Qu'en conclure ? La vérité, c'est qu'il y a un petit avantage à être grand en ce qui concerne l'espérance de vie – mais l'influence exacte reste inconnue. Mais il y a une relation entre la taille et la mortalité sur laquelle on peut agir : une augmentation du tour de taille diminue l'espérance de vie.

LES DROITIERS VIVENT-ILS PLUS LONGTEMPS QUE LES GAUCHERS ?

Il n'est pas nécessaire d'aller chercher bien loin. L'étymologie est claire : une personne « gauche » est malhabile alors que le mot « droit » a donné « adroit ». En anglais, le mot *left* (« gauche ») signifie également « abandonné ». En latin, « gauche » se dit *sinister*, qui a donné *sinistre* alors que « droit » se dit *dexter*, qui a donné *dextérité*.

Mais la théorie selon laquelle les gauchers ont une espérance de vie plus faible que les droitiers provient en grande partie d'une étude célèbre de 1991 qui montra que leur proportion dans la population diminue avec l'âge. Comme l'expliquèrent les chercheurs, les gauchers vivent dans un monde conçu pour les droitiers et sont donc plus sujets aux accidents et aux blessures graves. Ils ont plus d'accidents avec des machines-outils, plus de fractures des poignets et sont plus sujets à la dépression.

En 1992, un psychologue du nom de Stanley Coren a indiqué que ces mésaventures diminuent de façon significative l'espérance de vie moyenne des gauchers. Après avoir examiné des milliers de certificats de décès en Californie, Coren suggéra que les gauchers vivent en moyenne neuf ans de moins que leurs homologues droitiers.

Des chercheurs se sont demandé s'il y avait un biais dans cette étude ou si les gauchers – pardonnez-moi l'expression – ont vraiment reçu une mauvaise main.

Si vous êtes gaucher ou gauchère, ne vous laissez pas abattre. En 2000, un chercheur de la Penn State University aux États-Unis a montré que l'énigme des gauchers avait une explication. Beaucoup de seniors étaient gauchers lorsqu'ils étaient enfants mais avaient été forcés de changer de main dominante. Pensez à tous ces enfants gauchers dans les écoles catholiques derrière lesquels des nonnes veillaient, règle à la main, à ce qu'ils écrivent de la main droite. Cette pratique est moins courante aujourd'hui.

Comme les premières recherches suggèrent que les gauchers meurent plus jeunes, deux autres études se sont intéressés au sujet, une parue dans *The Lancet* (*Le Bistouri*) et l'autre, dans le *British Medical Journal*. Les études se sont intéressés à trois mille personnes gauchères et droitières et ont mesuré une espérance de vie équivalente pour les deux groupes.

Une fois encore, certains phénomènes concernant les gauchers ne sont pas faciles à expliquer. Pour une raison inconnue, que ce soit la pression de vivre dans un monde conçu pour les droitiers ou la croyance que leur durée de vie est plus courte, les gauchers souffrent plus de dépression, d'allergies et de schizophrénie; ils consomment également plus de drogues. Mais les gauchers ont également un avantage dans les sports comme l'escrime, le tennis, le base-ball, sans parler d'une meilleure réussite scolaire et d'un QI plus élevé. Cinq des onze derniers présidents des États-Unis étaient gauchers, bien que les gauchers ne représentent que 10 % de la population du pays.

LES YEUX CHANGENT-ILS DE COULEUR AVEC L'ÂGE ?

Ils peuvent courber la lumière, nous donner une image nette du monde et, après le cerveau, ce sont probablement les organes les plus complexes de notre corps. Mais, pour beaucoup de gens, la caractéristique principale des yeux, c'est leur couleur.

Peut-elle vraiment changer sans raison apparente ?

Pour la plupart d'entre nous, la réponse est non. La couleur de nos yeux se stabilise dans l'enfance et reste stable pour le reste de notre vie. Mais beaucoup d'entre nous connaissent quelqu'un qui jure que la partie colorée de ses yeux, l'iris, était bleu foncé quand il ou elle était petit(e) puis a pris une couleur marron quand il ou elle a vieilli. J'ai une amie aux yeux verts qui affirme qu'ils étaient marron quand elle était bébé.

Je l'ai toujours taquinée et accusée de mentir. Mais, selon les études, la couleur des yeux d'un petit pourcentage d'adultes peut sensiblement foncer ou éclaircir avec l'âge.

C'est un pigment appelé mélanine qui donne sa couleur aux yeux. Les yeux qui en contiennent beaucoup dans les tissus conjonctifs devant l'iris, appelés *stroma*, sont plus sombres et ceux qui en contiennent moins sont plus clairs.

Le taux de mélanine reste en général constant au cours de la vie mais certains événements peuvent le faire varier définitivement.

Le premier, c'est un ensemble de maladies oculaires comme le glaucome pigmentaire. Certains traitements des glaucomes peuvent modifier la couleur des yeux en augmentant leur pigmentation. Une autre affection, que l'on appelle hétérochromie (ou « yeux vairons »), touche 1 % de la population et est en général due à des blessures traumatiques. C'est par exemple le cas de David Bowie, qui affirme que la différence de couleur entre ses yeux (marron et bleu clair) provient d'un coup qu'il a reçu enfant.

Vient enfin la dernière et la plus fréquente cause : notre vieille amie la génétique. Une étude de 1997, par exemple, s'est intéressé à des milliers de jumeaux et a découvert que la couleur des yeux de 10 % à 15 % d'entre eux changeait au cours de l'adolescence et de l'âge adulte – à des vitesses quasiment identiques pour les deux jumeaux.

Mais comment réagiriez-vous si vous aviez l'impression que vos yeux changent de couleur tous les matins ? Aussi bizarre que cela puisse paraître, certaines personnes affirment que la couleur de leurs yeux varie d'un jour sur l'autre ou même au cours d'une journée, en fonction de leur humeur et de leur tenue.

Ce n'est rien de plus qu'un tour que leur joue leur vision.

Nous percevons les couleurs de la lumière si elle rebondit sur les objets en direction de nos yeux ; une partie de cette lumière – la lumière rouge d'une veste rouge, par exemple – est réfléchie par la surface de nos yeux. Lorsqu'une personne a les yeux noirs ou marron, il est difficile de voir la couleur réfléchie. Mais, lorsqu'une personne a des yeux plus clairs – en particulier verts ou bleus –, cette lumière réfléchie sur l'iris donne l'illusion que la couleur de l'œil a changé. Les vêtements peuvent donner cet effet, de même que de nouvelles lunettes ou une nouvelle couleur de cheveux.

Même l'humeur d'une personne peut avoir une influence. Par exemple, la colère et les autres émotions qui dilatent la pupille, qui détermine la quantité de lumière qui atteint le fond de nos yeux, peuvent donner une couleur apparente différente à l'iris.

Peut-être qu'être vert(e) de rage ou de jalousie n'est pas seulement une métaphore.

2. Le sexe, encore le sexe, toujours le sexe...

Aphrodisiaques et autres sujets risqués

Lorsque l'on est écrivain scientifique, il y a certaines questions auxquelles il faut s'attendre à devoir répondre. Dites à quelqu'un que vous passez vos journées à consulter les études médicales pour répondre à des questions dans une rubrique du *New York Times* et cette personne voudra invariablement savoir trois choses.

La première chose, c'est ce qu'il ou elle doit manger, faire et arrêter de faire pour faire baisser la probabilité de développer une maladie présente dans la famille (le plus souvent, la maladie d'Alzheimer). La deuxième chose, c'est savoir la vérité sur ce que sa mère lui a dit quand il ou elle était jeune, qu'il ou elle n'a jamais oublié et a toujours suivi à la lettre mais dont il ou elle n'est plus sûr(e) une fois adulte. Par exemple les questions traditionnelles comme : « Puis-je lire dans le noir sans m'abîmer les yeux ? » (voyez au chapitre 8 pour la réponse à cette question).

Puis, à mesure que la confiance s'installe, cette toute nouvelle connaissance glisse invariablement vers son sujet préféré : le sexe.

Je vais vous faciliter la tâche et entrer directement dans le vif du sujet.

Non, faire l'amour debout n'est pas considéré comme une forme de contraception. Oui, beaucoup de choses à part l'eau froide peuvent faire se rétracter certaines parties du corps (la colère, la peur, l'air froid). Et non, un homme ne peut jamais épuiser ses réserves de sperme, quel que soit le temps qu'il passe seul dans sa chambre ou sur Internet. Et ce ne sont que quelques-unes des réponses publiables.

Je n'ai jamais été surpris que les malentendus sur le sexe soient si répandus. Mais ce qui me surprend, c'est que les réponses que les gens cherchent soient si rares et que les endroits où les trouver le soient encore plus. La plupart des médecins n'ont pas le temps ou la patience de leur répondre et la plupart des chercheurs ne s'intéressent pas aux interrogations du grand public. De plus, nous sommes, pour la plupart d'entre nous, trop embarrassés pour simplement oser les poser.

Mais, même les médecins et les scientifiques que j'ai interrogés n'ont pas toujours les réponses et, quand ils les connaissent, un autre expert tout aussi qualifié et compétent pense exactement l'inverse. Il faut parfois passer d'innombrables études au crible pour découvrir la vérité.

Les questions sur le sexe se répartissent en général en deux catégories : celles auxquelles on peut répondre par oui ou par non, comme celle mentionnées ci-dessus, et celles, plus confuses, qui hantent l'imagination humaine depuis des générations, rendues célèbres par le folklore, renforcées par l'histoire et à certaines époques liées à des personnes célèbres – sinon inspirées par elles. Les réponses sont riches, superposées et surtout fascinantes, comme une tranche orgasmique de gâteau au chocolat.

LE CHOCOLAT EST-IL APHRODISIAQUE ?

On peut dire que le chocolat n'est pas qu'une friandise mais une puissante potion d'amour qui a la réputation universelle d'inspirer des sentiments amoureux.

À la température du corps, le chocolat fond rapidement sur la langue, ce qui peut être stimulant en lui-même. Il contient de la caféine, du sucre et d'autres stimulants et, en plus d'avoir simplement bon goût, il remonte le moral et prouve un sentiment de satisfaction.

Les Aztèques, qui ont aidé à faire connaître le cacao au monde, sont peut-être les premiers à avoir fait un lien entre le chocolat et le désir sexuel. L'empereur Montezuma le considérait comme une sorte de Viagra, le consommant en grande quantité avant ses rendez-vous galants avec ses nombreuses épouses. Selon la légende, il buvait cinquante tasses de chocolat par jour.

Mais il n'y a pas que les hommes qui se sont tournés vers le chocolat pour se donner du cœur à l'ouvrage. Madame du Barry, courtisane et maîtresse de Louis XV, nymphomane célèbre, insistait pour partager une tasse de chocolat avec ses amants avant de les laisser mettre un pied dans sa chambre. Madame de Pompadour, une autre maîtresse célèbre – juste un tout petit peu moins dévergondée – commençait quant à elle ses journées avec du chocolat pour stimuler son désir pour le roi.

Aujourd'hui, nous n'utilisons guère le chocolat comme catalyseur de l'amour en dehors de la période de la Saint-Valentin. Mais sa réputation d'aphrodisiaque n'en est pas moins forte. Est-elle fondée ?

La plupart des scientifiques pensent que l'on peut attribuer les qualités aphrodisiaques du chocolat, s'il en a, à trois ou quatre composés chimiques. L'un d'entre eux, le tryptophane, est un précurseur de la sérotonine, le neurotransmetteur qui donne une sensation de plaisir, apaise la douleur et joue un rôle dans l'excitation sexuelle. Un autre est la théobromine, un stimulant chimique proche de la caféine mais qui a la capacité d'améliorer l'humeur. C'est le composé chimique qui rend les barres de Snickers® mortelles pour les chiens et les chevaux (ils métabolisent la théobromine plus lentement que les humains).

Et puis il y a la phényléthylamine qui se libère dans le cerveau de ceux qui tombent amoureux. Le chocolat contient de petites quantités de phényléthylamine mais il n'est pas certain que cela soit suffisant pour produire des effets mesurables sur le désir. Une étude a montré que le niveau de ce composé chimique dans le sang n'augmente pas après consommation de chocolat. Une autre étude, publiée dans le journal *Sexual Medicine* en 2006, a étudié un grand échantillon de femmes et n'a mesuré aucune différence entre l'excitation sexuelle ou la souffrance de celles qui mangeaient une portion de chocolat par jour, de celles qui en consommaient trois ou plus et de celles qui n'en consommaient pas.

ET LES HUÎTRES ?

Le chocolat est certainement associé à l'amour mais aucun aliment n'a une réputation aussi forte que les huîtres.

Pour les cultures anciennes, les huîtres représentaient le sexe féminin, par son apparence et sa texture, ce qui les poussait à croire qu'elles donnaient de la vigueur sexuelle. Dans son roman *Tom Jones*, Henry Fielding a rendu la sensualité de la consommation d'huîtres inoubliable et on raconte que Giancarlo Casanova, le célèbre séducteur vénitien du XVIIIᵉ siècle, en consommait des douzaines pour se préparer à ses rendez-vous légendaires.

Lisons la description que fait Casanova du festin d'huîtres qu'il fait avec une de ses maîtresses, la Signorina « M. M », une des maîtresses de l'abbé de Bernis, ambassadeur français à Venise, un homme pervers qui se cachait souvent pour regarder Casanova et M. M. faire l'amour : « Elle m'offrait les siennes sur sa langue en même temps que je mettais les miennes entre ses lèvres ; il n'y a point de jeu plus lascif et plus voluptueux entre deux amoureux, c'est même comique mais jouer la comédie ne fait pas de mal car seuls les gens heureux rient. Quelle sauce que celle d'une huître que j'aspire de la bouche de la femme que j'adore ! »

En un mot : torride.

Pas étonnant que les gens aient essayé de recréer les transports de l'amour *à la Casanova* depuis deux cents ans. Mais, après tout ce temps, que dit la science de cette affirmation selon laquelle les huîtres enflamment les passions ?

Les huîtres sont riches en zinc et de nombreuses études ont fait le lien entre un déficit en zinc et l'impuissance ou un retard dans le développement sexuel. Certaines ont révélé que donner des suppléments de zinc aux hommes impuissants qui ont des niveaux de zinc faibles peut accroître leur libido ainsi que la fréquence de leurs rapports sexuels. Mais, jusqu'ici, aucune étude importante n'a montré que manger une ou deux huîtres (ou une douzaine) a un impact direct sur l'excitation d'une personne normale.

Une étude menée par des chercheurs italiens en 2005 s'en est approchée. Elle a découvert que les moules méditerranéennes contiennent un fort taux de deux acides aminés, l'acide D-aspartique et le N-méthyl-D-aspartate, dont on a montré qu'ils stimulaient l'émission d'hormones sexuelles chez les animaux. Mais cette étude, bien que fascinante, n'en a pas moins un inconvénient majeur : ses découvertes concernent les moules.

Ce que beaucoup d'entre nous ne comprennent pas, c'est qu'un aphrodisiaque n'est pas nécessairement un aliment, une drogue ou une odeur : l'effet est avant tout psychologique. Le premier organe sexuel, c'est le cerveau. Il suffit parfois de dire à une personne que l'aliment qu'elle consomme ou que l'odeur qu'elle sent est un aphrodisiaque pour déclencher l'excitation.

Les huîtres sont peut-être en tête de liste mais il y a plusieurs aliments surprenants qui peuvent nous mettre dans l'ambiance. Des chercheurs de Chicago ont établi une liste il y a quelques années en exposant des sujets à divers aliments et arômes et en analysant l'afflux de sang en direction de leur sexe, qui est une mesure de l'excitation. Leurs découvertes, sont surprenantes : pour les hommes, l'odeur de cannelle cuite a eu un tel impact sur la libido qu'elle a battu un grand nombre de parfums. Les hommes furent également fortement excités par l'odeur de la tarte à la citrouille, de la lavande, des beignets, du fromage à pizza, du pop-corn, de la vanille et des fraises. Les aliments et les odeurs qui ont le plus stimulé les femmes sont la réglisse, le pain à la banane et aux noisettes, le concombre et les confiseries.

Qu'ont tous ces aliments en commun ? Ils ne semblent pas actifs sexuellement mais ils peuvent donner un sentiment de confort, de sécurité et de nostalgie – qui ont tous un puissant effet aphrodisiaque sur le cerveau – et faire disparaître l'anxiété.

Si la chaîne américaine de magasins de beignets Dunkin' Donut s'était installée en France au XVIIIe siècle, peut-être raconterions-nous aujourd'hui des histoires dans lesquelles Casanova consomme des roulés à la cannelle et pas des huîtres.

LE *SPANISH FLY* (MOUCHE ESPAGNOLE, OU CANTHARIDE) EXISTE-T-IL VRAIMENT ?

On dirait une blague ou une invention récente mais on entend parler depuis des lustres du *spanish fly*, le coléoptère vert émeraude qui a la réputation de rendre les gens fous de désir. Selon la légende, la femme de Néron, l'empereur romain, assaisonnait la nourriture de ses invités avec de la mouche espagnole pour plaisanter. On dit aussi que le roi Henry IV en a consommé avant son sacre et que le marquis de Sade l'utilisait pour initier ses orgies.

Le *spanish fly* existe sous deux formes. Il y a le cocktail fait d'un volume de Tequila, un volume de Cuaranta y Tres et saupoudré de cannelle. La boisson donne un coup de fouet mais elle ne vise pas la libido. Et il y a l'aphrodisiaque, qui est préparé à partir des corps séchés et broyés de la cantharide officinale (ou mouche cantharide). On pense que ce produit irrite les parois de l'urètre, ce qui produit une sensation de démangeaison censée stimuler le désir sexuel.

Aucune étude n'a cependant prouvé que la mouche espagnole a un tel pouvoir d'excitation. De plus, sauf à l'utiliser en petites quantités, ce produit peut être toxique et causer des lésions permanentes aux reins et aux organes génitaux.

Mais ne vous en faites pas. La plupart des gens n'ont jamais eu l'occasion d'utiliser de mouche espagnole. Ce produit est interdit aux États-Unis et au Canada et la plupart des produits vendus sous l'étiquette de mouche espagnole ne sont rien de plus que du poivre de Cayenne en capsules.

LES HOMMES CHAUVES SONT-ILS PLUS VIRILS ?

Beaucoup de personnes que j'ai rencontrées – presque toutes, comme par hasard, des hommes chauves – m'ont demandé de prouver l'idée très répandue selon laquelle les forts niveaux de testostérone qui leur font perdre leurs cheveux les rendent également incroyablement virils et sexuellement actifs. Cette vieille affirmation provient surtout de l'observation. Il y a long-temps, certains remarquèrent que les eunuques – des hommes castrés – avaient toujours beaucoup de cheveux et en conclu-rent que de faibles niveaux de testostérone signifiaient plus de cheveux. Plus récemment, la réciproque de ce phénomène – un symptôme courant de l'utilisation de stéroïdes est la perte de cheveux – a fait beaucoup de bruit. En d'autres termes, beaucoup de testostérone, peu de cheveux. Par conséquent, certaines personnes pensent qu'avoir moins de cheveux signi-fie avoir plus de testostérone et donc une plus grande activité sexuelle.

La première preuve scientifique de la théorie « calvitie = viri-lité » apparut en 1951, quand une étude italienne rapporta que les hommes chauves avaient plus d'enfants que les hom-mes de leur âge qui n'avaient pas (ou peu) perdu leurs cheveux. Les chercheurs affirmèrent que leurs découvertes étaient liées aux forts niveaux de testostérone chez les hommes chauves.

Mais d'autres études ont montré que ce n'est pas vrai. Les niveaux de testostérone ne sont pas aussi liés à la virilité que les gens le croient car cette hormone n'a qu'un effet limité sur l'activité sexuelle. Nous savons maintenant que si les hommes sont chauves ce n'est pas tant dû à un taux de testostérone élevé qu'à la présence de récepteurs sensibles à cette hormone dans le cuir chevelu. C'est la raison pour laquelle la chute des cheveux s'accélère avec l'âge, même si le niveau de testostérone baisse.

Toutes mes condoléances.

UN HOMME PEUT-IL DIRE SI UNE FEMME SIMULE ?

Et le César de la meilleure actrice revient à… toutes les femmes pour leur interprétation magistrale dans la chambre à coucher. Une consultation de plusieurs enquêtes montre qu'entre 50 % et 70 % des femmes disent avoir simulé l'orgasme à un moment ou à un autre, le plus souvent parce qu'elles voulaient faire plaisir à leur partenaire, parce qu'elles étaient nerveuses ou stressées ou, pour paraphraser *Seinfeld*, parce que ça avait assez duré et qu'elles voulaient tout simplement dormir.

Les études qui demandent aux hommes s'ils croient qu'une femme a déjà simulé avec eux sont beaucoup plus rares. Mais mes enquêtes personnelles suggèrent que, dans un tel questionnaire, le pourcentage d'hommes qui admettraient penser que cela leur est déjà arrivé se situerait entre 0 % et 1 %. Aucun homme ne veut croire qu'il n'a pas pu satisfaire sa partenaire malgré tous ses efforts. Et peut-être que les femmes simulent tout simplement mieux que les hommes ne le pensent.

Beaucoup de femmes semblent penser que c'est le cas. Une de mes amies se mit à sourire quand je lui demandai si un homme s'en rendrait compte et me dit que je n'allais pas tarder à écrire un des articles journalistiques les plus courts de l'histoire car la bonne réponse tenait *de toute évidence* en un mot : non.

Mais, quelle que soit votre opinion sur la simulation du grand Orgasme, pour beaucoup de femmes – et certains hommes, involontairement, semble-t-il –, cela fait partie de la vie. La vérité brutale, c'est que, bien que les indices de l'orgasme féminin varient d'une femme à une autre, il y a certains signes visibles qui ne trompent pas. Les femmes peuvent s'entraîner à simuler autant qu'elles veulent mais un observateur attentif suffisamment calé en physiologie pourra probablement découvrir la vérité. Regardons la vérité en face, si les orgasmes étaient si faciles à simuler, ils ne seraient sans doute pas aussi convoités.

Selon les enquêtes, les études et les articles médicaux, quatre étapes précèdent l'orgasme féminin, qui ne sont pas sans rappeler celles qui précèdent l'orgasme masculin. Dans un premier temps, le clitoris entre en érection, les deux tiers intérieurs du vagin grossissent et la peau autour s'assombrit. Ce sont les signes que l'afflux de sang dans cette zone augmente. À la deuxième étape, les mamelons durcissent et les seins deviennent sensibles. Puis vient la troisième étape, celle de la respiration, qui devient plus rapide, plus courte et plus profonde et, dans certains cas, presque rythmique car le corps essaie d'absorber plus d'oxygène. Ensuite, juste avant l'orgasme, le haut du corps rougit : le cou et la poitrine de la femme deviennent rouges et ses joues prennent une teinte rose.

C'est à ce moment que le Vésuve atteint le point de rupture. Le corps entier, et en particulier le vagin, l'utérus et le plancher pelvien, sont secoués par des spasmes musculaires. Les premières contractions sont les plus intenses. Lorsque cela se produit, les cuisses de la femme tremblent légèrement, son dos se raidit et s'étire de façon incontrôlable.

La femme peut se trahir par les sons qu'elle produit. De petits gémissements et des phrases incomplètes sont les signes que l'orgasme peut être réel. Si une femme prononce une phrase complète ou crie si fort qu'elle réveille les voisins, il y a des chances qu'elle simule. Au moment de l'orgasme, le corps libère de l'ocytocine, des endorphines et d'autres hormones du plaisir qui donnent une sensation de légèreté, de chaleur et de relaxation. Chez les femmes, cet afflux d'hormones et d'émotions cause une brève euphorie qui se poursuit même après la fin du rapport. Ainsi, si une femme parle de réaménager le grenier juste après ou sort du lit comme si de rien n'était, il y a des chances pour que cela n'ait pas marché.

LES FEMMES PEUVENT-ELLES AVOIR DES ORGASMES MULTIPLES ?

Pardon ? La plupart des femmes ont du mal à en avoir ne serait-ce qu'un, en raison du manque de savoir-faire de leur partenaire et de leurs propres barrières psychologiques et sociales. L'idée qu'une femme puisse avoir des orgasmes multiples peut donc sembler un tantinet présomptueuse. Certaines personnes pensent que ce n'est qu'un mythe.

Et non. Des études ont montré qu'entre 13 % et 40 % des femmes ont connu des orgasmes multiples – environ 30 % à un moment ou à un autre et environ 10 % de façon répétée. La raison en est simple : les femmes n'ont pas de période réfractaire après l'orgasme, période au cours de laquelle les hommes ne peuvent plus avoir d'érection. Par conséquent, certaines femmes peuvent avoir – en théorie – deux, trois ou quatre orgasmes à la suite.

La meilleure façon pour une femme d'augmenter ses chances d'avoir des orgasmes multiples, c'est de renforcer ses muscles pelviens grâce à des exercices ciblés, car la capacité à contrôler et contracter ces muscles pendant le rapport sexuel a une grande influence sur l'intensité et la qualité de l'orgasme. Avoir un partenaire attentionné et généreux est un facteur substantiel de réussite. Sans une stimulation continue, le niveau d'excitation d'une femme retombe après l'orgasme, ce qui réduit son potentiel d'en avoir un deuxième (ou un troisième ou un quatrième ou...).

Ce qui différencie les femmes qui affirment avoir des orgasmes multiples de celles qui n'en ont pas n'est pas clair. Certaines femmes se plaignent de la sensibilité de leurs seins et de leur clitoris après l'orgasme, ce qui les rend moins désireuses de rechercher une forme de stimulation continue autre qu'un simple câlin. Quelques études controversées (et douteuses) ont également lié la capacité d'une femme à atteindre l'orgasme à son niveau d'études et de revenus.

En ce qui concerne les hommes, eh bien ce qui se rapproche le plus de l'orgasme multiple, c'est le sexe tantrique – approcher plusieurs fois l'orgasme aussi près que possible sans éjaculer. Lorsque l'éjaculation se produit, un raz-de-marée d'hormones se déverse et la période réfractaire commence. On pense que l'hormone responsable en premier lieu de la période réfractaire est la prolactine et c'est la raison pour laquelle des chercheurs se sont lancés à la poursuite d'une substance permettant de l'inhiber. Il semblerait qu'une molécule inhibant la prolactine soit en cours de développement. Elle pourrait très bien succéder au Viagra.

D'ici là, il est possible pour un homme d'éviter d'éjaculer juste avant l'orgasme en appuyant sur la zone entre le scrotum et l'anus, le périnée. L'inconvénient ? Faire cela peut mener à ce que l'on appelle une éjaculation rétrograde, au cours de laquelle le sperme est redirigé vers la vessie. Elle peut endommager des nerfs et des vaisseaux sanguins précieux au niveau des organes génitaux. Aïe !

EST-CE À CAUSE DES HORMONES PRÉSENTES DANS LE LAIT QUE LES FILLES ATTEIGNENT LA PUBERTÉ PLUS TÔT ?

Réfléchissez une seconde à votre consommation quotidienne de lait. En plus du ou des verres de lait que certains d'entre nous boivent dans la journée, beaucoup commencent leur journée par un café ou un thé au lait, un bol de céréales, un yaourt ou un autre produit laitier. Et puis il y a tout le fromage et le beurre que nous consommons au déjeuner ou au dîner, la glace du dessert et le chocolat que nous grignotons tout au long de la journée.

Selon certaines estimations, un(e) Américain(e) moyen(ne) consomme environ trois cents kilogrammes de produits laitiers par an; c'est le premier aliment de leur régime. Les Américains consomment plus de produits laitiers que jamais.

Ainsi, quand une étude de 1997 révéla que les filles atteignent la puberté plus tôt qu'avant, il sembla naturel de tourner un regard attentif vers le lait.

Les preuves étaient presque anecdotiques, mais elles semblaient attendre que tout le monde les voie. Les médecins et les pédiatres affirmaient que de plus en plus de fillettes de six ans ou sept ans venant les consulter avaient de la poitrine et des poils pubiens. Les enseignants d'école élémentaire disaient que, alors que les garçons restaient les mêmes d'une année sur l'autre, les filles développaient un corps de femme de plus en plus tôt.

Ensuite, en 1997, une étude menée sur dix-sept mille filles âgées de trois ans à douze ans révéla que ces dernières atteignaient la puberté un an avant l'âge que les manuels qualifiaient de normal. Les fillettes noires commençaient à avoir des seins et des poils pubiens juste avant neuf ans et les fillettes blanches commençaient à avoir des seins juste avant neuf ans et des poils pubiens à dix ans et demi.

Une substance donnée aux vaches pour augmenter la production de lait, baptisée « hormone de croissance bovine recombinante » (ou rBGH, pour *recombinant bovine growth hormone*), devint le suspect numéro un et, presque immédiatement, les ventes de produits laitiers d'origine biologique explosèrent. Se pourrait-il que cette hormone de croissance artificielle accélère le développement des enfants ?

D'autres études n'ont établi aucun lien. Si les filles se développent plus tôt, un phénomène sur lesquels les scientifiques ne sont toujours pas d'accord, cela est peut-être plus lié à l'obésité qu'à la consommation de lait.

Bien que l'hormone de croissance bovine recombinante soit administrée aux vaches laitières, il n'est pas certain qu'elle passe dans le lait. Si tel était le cas, elle aurait probablement peu d'impact car, pour qu'elle ait un effet, il faut qu'elle soit injectée et pas ingérée.

D'autres études ont montré que les filles qui se sont développées plus tôt ont un indice de masse corporel (IMC) plus élevé, ce qui peut créer l'impression fausse qu'elles ont des seins. Considérons que les découvertes de l'étude sur l'accélération de la puberté ont coïncidé avec l'augmentation nationale du taux d'obésité aux États-Unis et il semble tout à coup que la conclusion sur la précocité de la puberté était prématurée.

Ironiquement, que les filles atteignent la puberté plus tôt ou qu'elles prennent du poids plus vite, la raison sous-jacente est la même : trop de lait, de fromage et de glace.

UN RAPPORT SEXUEL PEUT-IL DÉCLENCHER UNE CRISE CARDIAQUE ?

Les rumeurs allèrent bon train en 1979, quand Nelson A. Rockefeller, alors vice-président des États-Unis, mourut d'une crise cardiaque dans des circonstances décrites par celui qui rédigeait ses discours comme « incontestablement intimes ». Par « intimes », il voulait visiblement dire « au lit avec une maîtresse deux fois plus jeune que lui ».

L'idée que l'activité sexuelle peut déclencher une crise cardiaque n'a rien de nouveau. En fait, la croyance selon laquelle les efforts physiques dans une chambre fatiguent le cœur pousse beaucoup de gens – les personnes fragiles au niveau cardiaque, les seniors et les gens obèses – à réduire leurs activités amoureuses ou tout simplement à s'abstenir de sexe.

Tant pis pour eux.

S'il y a un peu de vérité dans cette croyance, les recherches n'en montrent pas moins que c'est exagéré. L'activité sexuelle fait, il est vrai, travailler le système cardiovasculaire. Mais cela ne vous fera aucun mal sauf si vous vous balancez aux lustres. Il se trouve qu'avoir des rapports sexuels est recommandé pour la plupart des gens et même les personnes cardiaques.

En 1996, une équipe de scientifiques de l'université de Harvard aux États-Unis mena une étude sur plus de huit cents personnes ayant survécu à une attaque cardiaque dans tout le pays. Ils en conclurent que la probabilité que le sexe déclenche une crise cardiaque est d'environ deux sur un million, y compris pour les sujets qui en ont déjà eu une.

C'est le double du risque que courent les personnes en bonne santé dans les deux heures après un rapport sexuel mais le risque est tellement faible au départ que cela ne devrait pas empêcher les personnes cardiaques d'avoir une vie sexuelle. En 2001, un groupe de chercheurs suédois étudia six cent quatre-vingt-dix-neuf personnes ayant survécu à une crise cardiaque et parvint à des résultats similaires : ils découvrirent que le risque était très faible mais au plus haut chez les personnes sédentaires. Selon le Dr Murray Mittleman, professeur associé à Harvard et un des auteurs de l'étude de 1996, « même s'il y a un peu de vérité dans ce mythe, l'augmentation absolue du risque est tellement faible que, pour la grande majorité des gens, cela devrait être un souci de moins ».

En particulier si vous arrivez à glisser quelques minutes d'exercice de temps en temps dans votre emploi du temps. À mesure que votre durée quotidienne d'exercice augmente, votre risque d'avoir une crise cardiaque au lit baisse. Mais certains paramètres peuvent faire augmenter le risque que vous courez : l'intensité des rapports en est un et les pratiques à risques en sont un autre. Par « pratiques à risque », je ne parle pas de sexe non protégé mais d'infidélité.

La probabilité est encore plus forte quand vous êtes un politicien sur la scène publique. Selon la légende, en cette nuit tragique de 1979, la maîtresse de Rockefeller (qui était également membre de son cabinet), âgée de vingt-sept ans, voulait tellement ne pas ébruiter l'affaire qu'elle ne sut pas quoi faire quand son patron s'écroula sur le sol. Elle appela finalement les secours une heure et demie plus tard. Selon les rapports de police, Rockefeller ne mourut pas dans son lit mais dans l'ambulance qui l'emmenait à l'hôpital.

FAIRE L'AMOUR FAIT-IL BAISSER LES PERFORMANCES SPORTIVES ?

Personne ne sait exactement comment cette croyance est née mais l'idée selon laquelle les athlètes doivent s'abstenir de sexe avant un match est une règle d'or dans le sport depuis des siècles. L'historien romain Pline l'Ancien fut l'un des premiers à étudier le lien entre sexe et sport, mais il donna un avis favorable. En l'an 77, il écrivit : « Les athlètes léthargiques sont revitalisés lorsqu'ils font l'amour. »

Homère, le légendaire poète grec, avait un avis différent. Dans un dialogue, il décrivit un champion olympique, Ikkos de Tarente, qui mangeait du fromage et du sanglier mais n'avait aucune activité sexuelle – il pensait que faire l'amour avant les épreuves diminuerait sa force et ferait baisser son énergie.

Plus d'un millénaire plus tard, comme le pensait Ikkos, il est devenu courant que les entraîneurs de presque tous les sports interdisent à leurs joueurs de faire l'amour avant une compétition pour qu'ils conservent leur énergie et leur agressivité. Aux États-Unis, certaines équipes de football américain demandent à leurs joueurs de passer la nuit à l'hôtel, même pour les matchs à domicile, pour ne pas qu'ils restent avec leur femme ou leur petite amie. Des boxeurs comme Lennox

Lewis et Mohamed Ali ont dit s'abstenir de sexe pendant des semaines avant un combat important. Et les nageurs et athlètes olympiques ont dit que faire l'amour avant une compétition peut avoir des conséquences considérables : selon un rapport publié, le nageur américain Josh Davis, qui a remporté trois médailles aux Jeux olympiques d'Atlanta, affirma qu'il ne s'était pas qualifié aux Jeux olympiques de 2004 à Athènes car il avait fait l'amour avec sa femme le jour des épreuves de sélection.

Mais les études scientifiques – oui, il y a des scientifiques qui se creusent la tête sur cette question – disent les unes après les autres que c'est faux. S'abstenir avant une compétition aurait plutôt tendance à nuire aux performances. Dans un article du *Clinical Journal of Sport Medicine* intitulé « Faire l'amour la veille d'une compétition fait-il baisser les performances ? » et publié en 2000, un épidémiologiste a passé en revue des dizaines d'études et a établi que le sexe entre personnes mariées ne brûle pas plus de cinquante kilocalories. La plupart des gens brûlent plus d'énergie en sortant leur chien. L'étude ne trouva aucune preuve que le sexe entraîne un affaiblissement musculaire.

En fait, d'autres études ont montré que le sexe réduit les douleurs musculaires (en particulier chez les femmes), soulage les blessures et met les athlètes dans un état de relaxation extrêmement bénéfique pour les sports nécessitant de la coordination et du contrôle musculaire comme le golf et le tennis. Quant à l'agressivité, les scientifiques ont découvert que le niveau de testostérone augmente avec l'activité sexuelle chez les hommes et les femmes, ce qui suggère qu'un rendez-vous galant tardif peut entraîner un niveau d'agressivité plus élevé le lendemain – et améliorer les performances sportives.

C'est Casey Stengel, le célèbre philosophe et manager des Yankees, l'équipe de base-ball de New York, qui l'explique le mieux : « Passer toute la nuit avec une femme n'a jamais fait de mal à un joueur de base-ball professionnel. C'est rester debout toute la nuit à en chercher une qui est mauvais. »

LES SELLES DE VÉLO RENDENT-ELLES IMPUISSANT ?

Pour ceux qui aiment les petites virées à vélo, peu de choses valent le fait de sautiller sur une selle et grimper quelques côtes ou descendre à toute allure une route de montagne. Aussi éreintant que cela puisse être, les courbatures du lendemain valent la peine. Et même une ballade calme peut être agréable.

Du moins c'était le cas jusqu'en 1997, quand un urologue de Boston bouleversa le monde du cyclisme en affirmant de façon scientifique qu'il y a deux types de cyclistes – « les impuissants et ceux qui le deviendront ».

Quel rabat-joie ! Beaucoup de gens font du vélo pour rester en forme mais, jusqu'à cet instant, peu de gens avaient sérieusement pensé que leur pratique pouvait mettre leur vie sexuelle en danger. J'ai l'habitude de faire du vélo dans la campagne pendant tout l'été – entre cent et deux cents kilomètres tous les jours – et la nouvelle m'est tombée dessus comme une tonne de briques.

Bien sûr, il y avait des preuves à l'appui. Une étude de 1998 s'est intéressé à des centaines de jeunes hommes cyclistes entre vingt ans et quarante ans et a révélé qu'ils avaient plus de problèmes d'érection qu'un groupe de coureurs d'âge et de santé similaires. Les scientifiques ont découvert que plus un homme fait de vélo et plus il a de risque de devenir impuissant ou de voir sa libido baisser. Et des chercheurs autrichiens ont découvert que des hommes qui faisaient du VTT plusieurs fois par semaine et qui étaient apparemment en excellente condition physique avaient trois fois moins de spermatozoïdes qu'un groupe témoin d'hommes en bonne santé.

Voici le problème : quand un homme s'assied sur une selle de vélo, une veine capitale qui passe par le périnée et alimente son pénis en sang est comprimée, un peu comme lorsqu'on appuie sur une paille. Elle reprend en général sa forme mais finit par s'abîmer et garder une forme aplatie. Il faut noter que, chez les femmes, les artères qui alimentent le clitoris pendant les rapports sexuels subissent probablement le même sort. Bien que ce phénomène n'ait pas été étudié aussi précisément chez les femmes, ces dernières peuvent finir par subir des dommages similaires. Environ 60 % des femmes qui font fréquemment du vélo – trois à quatre fois par semaine pour une durée d'une à deux heures – ressentent des engourdissements, des picotements et des douleurs.

Les selles de vélo traditionnelles sont si étroites qu'elles ne permettent pas de répartir le poids. Cela a poussé les fabricants de selles à développer des selles ergonomiques fendues à l'arrière ou percées d'un trou au milieu ; ils pensaient que cela pourrait réduire la pression. Mais ça n'a pas vraiment fonctionné. Comme elles ont des surfaces plus réduites, les selles ergonomiques forcent certains hommes à concentrer encore plus de poids sur leur périnée. Et les selles en gel ne font pas mieux car le gel qu'elles contiennent peut s'abîmer et former des bosses à des endroits sensibles.

Que faire ? Les meilleurs sièges sont ceux qui protègent le périnée en vous forçant à vous asseoir en arrière. Il peut également être bénéfique d'orienter légèrement la selle vers le bas et de se lever de temps à autre pendant quelques minutes. Non seulement cela fait diminuer la pression mais cela vous donne également l'air d'un(e) pro.

FAIRE L'AMOUR PENDANT LA GROSSESSE PEUT-IL DÉCLENCHER L'ACCOUCHEMENT ?

On a longtemps dit aux femmes dont le bébé tardait à venir qu'elles pouvaient mettre fin à leur grossesse de la même façon qu'elle avait commencé – en faisant l'amour. Si l'on compare cela avec les méthodes consistant à faire le tour du pâté de maison en courant ou à boire de l'huile de castor – deux autres croyances populaires –, on n'est pas étonné que des enquêtes révèlent que les femmes préfèrent la première option.

Même si c'est peu pratique, les rapports sexuels pendant la grossesse battent, et de loin, toutes les autres méthodes. Certains pèlerins étaient connus pour attacher leurs femmes enceintes dont le bébé tardait à des poteaux avant de les secouer de haut en bas en pensant que le bébé descendrait.

Les raisons pour lesquelles beaucoup d'entre nous croient que faire l'amour peut déclencher l'accouchement varient énormément. Dans la série *Friends*, Rachel le dit de façon assez crue quand elle essaie de convaincre Ross de l'aider à faire commencer le travail : « Pense à une bouteille de ketchup ; tu sais, parfois, il faut taper sur le fond pour en faire sortir quelque chose. »

Mais, quel que soit le raisonnement qui sous-tend cette affirmation, et malgré sa popularité, il n'y a pas de preuves scientifiques qui vont dans ce sens. Selon une étude approfondie menée en 2006, la première à tester cette croyance, faire l'amour à la fin de la grossesse n'accélère pas l'accouchement ; au contraire, cela pourrait le retarder.

L'étude, publiée dans le journal *Obstetrics and Gynecology*, s'est intéressé à quatre-vingt-treize femmes dans le dernier trimestre de leur grossesse. Les chercheurs ont découvert que celles qui ont dit faire l'amour dans leurs dernières semaines de grossesse – environ la moitié – ont accouché en moyenne au bout de 39,9 semaines, contre 39,3 pour celles qui se sont abstenues.

Mais ce n'est pas tout. Une partie de l'explication pseudo-scientifique à cette pratique est que le sperme humain contient de petites quantités de prostaglandine, une hormone qui peut, dans certains cas, stimuler le col de l'utérus et aider les contractions à démarrer. La plupart des médecins administrent de la prostaglandine artificielle pour aider les femmes qui le veulent à commencer le travail.

Mais, dans l'étude, les femmes qui étaient actives sexuellement ont subi des examens avant l'accouchement et ils n'ont révélé aucun signe de mûrissement du col de l'utérus. Finalement, faire l'amour n'est peut-être pas une méthode très sûre pour déclencher l'accouchement, mais, contrairement à d'autres méthodes, rien ne permet de dire que cela nuit au bébé. Et vous pourrez perdre cinquante kilocalories pendant que vous attendez que ce bébé têtu veuille bien se montrer.

3. La survie du plus apte

Votre abonnement au club de gym vaut-il son prix ?

Il faut manger équilibré et faire du sport. Cela résume le message que l'on nous martèle dès notre entrée à l'école.

On nous dit de faire tout ce qui est humainement possible pour faire fonctionner notre cœur et circuler notre sang régulièrement alors même que les avancées technologiques font qu'il nous est de moins en moins nécessaire de sortir de chez nous et que nous ne demandons qu'à hiberner. Ce qui est encore plus irritant, c'est que l'on nous dit de surveiller ce que nous mangeons avec un zèle religieux. Peu importe que nous vivions dans des pays où toutes les vacances tournent autour de la nourriture, où l'on trouve un fast-food à tous les coins de rue et où d'énormes compagnies agroalimentaires font des milliards en nous gavant de sucres et de graisses.

Bien manger et rester en forme, c'est facile à dire mais quasiment impossible à faire.

Pas étonnant donc que certains d'entre nous se bercent d'illusions. Aux États-Unis, environ deux tiers des personnes en surpoids *disent* avoir un comportement alimentaire sain, mais mangent fréquemment des cochonneries et un tiers de ceux qui disent faire autant de sport que possible restent néanmoins en surpoids.

Nous sommes vraiment engagé dans une lutte pour rester minces, notre mantra scolaire nous poussant dans une direction et notre culture d'abondance, dans une autre.

Comme dans toutes les batailles, une issue rapide et simple est toujours tentante. C'est la raison pour laquelle nous sommes si souvent victimes de petits « trucs » et de régimes douteux : ils nous font espérer que l'on peut perdre du poids et avoir une belle silhouette sans efforts. De plus, un monde où l'on mangerait vraiment sainement et où l'on ferait un peu d'exercice physique tous les jours serait affreusement ennuyeux. Et, sans toutes ces entreprises qui font fortune en vendant ces aliments et ces recettes pour rester en forme, notre économie pourrait être mise à mal.

Mais que faut-il croire et que faut-il ignorer ?

Existe-t-il vraiment des aliments qui nous font perdre du poids – des aliments qui ont des calories *négatives* ? Est-il dangereux de jouer au yoyo avec son poids ? Et, pour les abdominaux, quelle est la meilleure méthode pour avoir de belles tablettes de chocolat ? Et puis il y a la question des graisses : en stocke-t-on vraiment plus quand on en mange le soir et, inversement, peut-on en brûler plus en faisant du sport à jeun le matin ? Vient enfin la question qui a traversé l'esprit de tout le monde un jour ou un autre : quand on arrête de faire de l'exercice, qu'arrive-t-il vraiment à notre corps ? Tous nos muscles se transforment-ils en graisse ?

LES MUSCLES SE TRANSFORMENT-ILS EN GRAISSE QUAND ON ARRÊTE DE FAIRE DU SPORT ?

Quand l'été arrive et que tout le monde va à la plage et se dénude, ceux d'entre nous dont la carte de gym a pris la poussière pendant l'hiver sont souvent pris d'angoisse. On dirait que ces belles plaquettes de chocolat et ces gros biceps se sont envolés.

Mais tous ces muscles se sont-ils transformés en graisse ? La réponse courte est non.

Quand on arrête le sport pour passer en mode canapé-télé, nos muscles rétrécissent, laissant la place aux tissus adipeux, c'est-à-dire la graisse, qui prennent lentement leur place. Parallèlement, nous continuons souvent à consommer le même nombre de calories que pendant nos jours actifs, même si notre dépense énergétique est loin d'être ce qu'elle était. De plus, les muscles accélèrent notre métabolisme et permettent de brûler plus de calories que lors d'une activité normale – comme lorsque nous lézardons devant la télé.

Tout ceci peut créer l'illusion que nos solides abdominaux et nos volumineux biceps se sont transformés en graisse. Mais les muscles et la graisse sont deux tissus très différents qui ne peuvent pas se transformer l'un en l'autre. Pour le Dr Gerard P. Varlotta, professeur associé à l'université de New York, la vérité est très simple : « C'est le rapport entre la graisse et le muscle qui a changé. »

Mais même ceux qui ne vont pas en salle de gym peuvent éviter ce sort. Malgré ce que disent certains entraîneurs, la plupart des gens en assez bonne forme peuvent empêcher leurs muscles de fondre grâce à des activités ou des tâches ménagères modérées, ou bien en promenant le chien ou encore faisant le tour du quartier à pied de temps en temps.

Ça a l'air ridicule ? En 2005, des chercheurs de la Mayo Clinic aux États-Unis ont équipé vingt personnes de capteurs de mouvements – dix personnes minces et dix personnes en surpoids – pendant dix jours de suite. Les capteurs ont montré que les personnes en surpoids étaient plus souvent assises et que les minces passaient chaque jour deux heures de plus debout à marcher ou à s'activer dans leur maison. L'étude a montré que toutes ces gesticulations leur faisaient brûler environ trois cent cinquante kilocalories par jour – soit environ quinze kilogrammes par an.

Vous êtes encore assis(e) ?

COURIR EST-IL MAUVAIS POUR LES GENOUX ET VAUT-IL MIEUX ARRÊTER LE JOGGING ?

Les personnes qui courent régulièrement s'inquiètent du fait que toute une vie de chocs sur le sol pourrait leur donner des douleurs dans les genoux et dans les articulations.

Il n'est donc pas surprenant que l'ostéoarthrite, une maladie des articulations qui entraîne une dégénérescence du cartilage, soit l'une des plus grandes inquiétudes des personnes qui courent de façon régulière. C'est une des raisons pour lesquelles les athlètes laissent leurs chaussures de course pour passer à des sports moins traumatisants pour leurs articulations comme le vélo, la marche, le tennis ou le stepper. Dans le pire des scénarios, cela pousse certains sportifs à passer au sport le moins traumatisant de tous : le zapping.

Mais, dans la plupart des cas, courir de façon modérée n'entraînera pas (ou peu) de problèmes au niveau des genoux mais pourra en fait protéger – tout à fait, protéger – vos articulations. Cela a été prouvé par de nombreuses études, qui ont montré que les personnes qui courent quelques fois par semaine n'ont pas plus de risques de souffrir d'ostéoarthrite que les autres. Comparés à ceux qui ne pratiquent aucun exercice, les coureurs occasionnels ont en général moins de problèmes articulaires.

Quand les problèmes surviennent, c'est généralement parce que la personne a forcé sur un genou ou une articulation fragilisés, ce qui arrive fréquemment aux athlètes professionnels et ce qui explique pourquoi ils souffrent plus d'arthrite des bras et des jambes. Certains doivent même prématurément mettre fin à leur carrière. Une étude a montré que les personnes qui souffrent de blessures articulaires lorsqu'elles sont jeunes ont presque deux fois plus de malchance que les autres d'avoir de l'ostéoarthrite quand elles auront soixante-cinq ans.

Cependant, pour les gens qui n'ont pas de problèmes articulaires, un exercice modéré renforce les os et les muscles, ce qui est la meilleure chose à faire pour éviter les problèmes sérieux. Comme courir aide à perdre du poids, on peut, sur le long terme, réduire les contraintes que les kilos supplémentaires font peser sur nos articulations et nos genoux. Tout cela signifie que l'on finit par faire baisser le risque de souffrir d'arthrite.

Une étude menée par des chercheurs de l'université de Stanford aux États-Unis l'a démontré en comparant des centaines de personnes pratiquant le jogging et ne le pratiquant pas sur une période de cinq ans. Même si les coureurs souffraient régulièrement de petites douleurs, ils avaient moins de problèmes musculaires et articulaires que ceux qui ne couraient pas. De plus, ils avaient une pression sanguine plus basse, avaient passé 33 % moins de temps à l'hôpital et été deux fois moins absents de leur travail. Une autre étude, publiée dans l'*American Journal of Sports Medicine*, a suivi trente coureurs qui parcouraient au moins vingt kilomètres par semaine pendant quarante ans et a découvert que le taux d'arthrite dans les hanches, les genoux et les chevilles ne dépassait pas la moyenne. Certains chercheurs ont affirmé que courir peut retarder parfois de douze ans l'apparition de l'arthrite.

Ce que la plupart d'entre nous ne comprennent pas, c'est que, le plus souvent, les blessures sont dues au mauvais choix des chaussures ou à leur usure et pas à la pratique elle-même. Certaines personnes portent des chaussures qui font pencher leurs pieds vers l'intérieur (pronation), ce qui cause des douleurs de dos et des genoux, alors que d'autres chaussures ont l'effet inverse (supination).

La prochaine fois que vous courez et que vous commencez à avoir mal au dos ou aux jambes, jetez un coup d'œil à vos chaussures et pas à votre régime.

LES MACHINES À ABDOMINAUX SONT-ELLES LE MEILLEUR MOYEN D'AVOIR DES TABLETTES DE CHOCOLAT ?

Se muscler est simple : si vous voulez de plus gros biceps, vous faites des *curls*. Si vous voulez des cuisses plus fortes, vous faites des *squats*. Mais comment faire pour avoir un ventre plat et des abdominaux d'acier ?

À en croire les vendeurs en jogging moulant que l'on voit dans les publicités tard la nuit ou les émissions de téléshopping, la meilleure façon de brûler les graisses autour de la ceinture, c'est d'utiliser une de ces machines qu'ils vendent. Leur argument repose sur la croyance très répandue selon laquelle on peut faire maigrir une partie du corps en faisant des exercices ciblés.

Beaucoup d'Américains semblent le croire : ils dépensent chaque année plus de cent millions de dollars en gadgets pour muscler leurs abdominaux.

Pourtant on ne peut pas faire maigrir juste un endroit de son corps – sauf grâce à la liposuccion. Quand on prend du poids, on stocke des graisses à certains endroits de notre corps avant d'en stocker ailleurs et ces endroits sont déterminés par notre sexe et notre patrimoine génétique. En général, les femmes prennent du poids autour de la taille et au niveau des cuisses alors que les hommes en prennent autour de la ceinture, d'où leur silhouette en roue de secours.

Et il se trouve que la graisse de ces régions est la dernière à fondre quand on perd du poids.

Il faut également garder à l'esprit que la plupart des exercices pour les abdominaux renforcent certes les muscles mais ont peu d'impact sur la graisse qui les recouvre. Tout comme faire travailler ses jambes ne fait pas fondre la graisse au niveau des hanches, faire travailler uniquement ses abdominaux n'élimine pas la graisse au niveau de la ceinture. La meilleure méthode pour avoir des muscles abdominaux bien définis ne s'arrête pas aux exercices ciblés sur ces muscles. Le mieux est de combiner un régime équilibré à beaucoup d'entraînement cardiovasculaire – pour éliminer la graisse du corps tout entier – à des exercices ciblés sur les abdominaux.

Que penser de ces appareils vendus à la télé ? Même si les Américains dépensent des millions de dollars pour les acheter, une étude de 2004 menée par des chercheurs de la Kansas State University a montré qu'ils ne valent pas leur prix. Au cours de cette expérience, vingt-trois étudiants et étudiantes de l'université se sont entraînés sur divers appareils – y compris des appareils « ultramodernes » – pendant que des électrodes mesuraient la stimulation de leurs muscles abdominaux. Les électrodes ont montré que, en moyenne, les divers appareils ne font pas plus travailler les muscles que les mouvements traditionnels.

En fait, deux des appareils ont plus fait travailler les muscles fléchisseurs des hanches que les abdominaux, ce que les chercheurs qualifient de façon inquiétante d'« effet secondaire indésirable du travail des muscles abdominaux ». Des flexions simples – et gratuites – devraient suffire (après quelques minutes de course à pied, bien sûr).

EST-CE QUE FAIRE DU SPORT À JEUN PERMET DE BRÛLER PLUS DE GRAISSES ?

Il y a une question à laquelle celles et ceux qui font du sport le matin sont confrontés : faut-il courir *avant* ou *après* le petit-déjeuner ?

Les entraîneurs vous diront que manger d'abord fournit du carburant pour faire de l'exercice. Mais beaucoup d'entre nous croient que faire du sport à jeun force le corps à puiser dans ses réserves, à brûler les calories stockées sous forme de graisse, ce qui permet donc de perdre du poids plus rapidement. J'ai toujours entendu que faire du sport à jeun est la méthode la plus rapide pour avoir un corps élancé, une façon de se débarrasser de toutes ces calories stockées autour de la taille.

Qui a raison ?

D'après les chercheurs, il n'y a pas de réponse simple. Une étude de 1995 qui s'est intéressé à cette question a rapporté que l'on brûlait effectivement plus de graisse les jours où l'on faisait du sport à jeun que les jours où l'on avait pris un petit-déjeuner. Mais la différence était négligeable et d'autres études ont montré que l'on brûle moins de calories sur le long terme. Pourquoi ? Parce que les séances sont plus courtes.

Il semblerait qu'on ne puisse pas aller très loin avec un réservoir vide. Une autre étude, publiée dans le journal *Medicine & Science in Sports & Exercise*, a demandé à un groupe de personnes de faire du vélo après avoir pris un petit-déjeuner léger et, un autre jour, sans avoir pris de petit-déjeuner. Les chercheurs ont découvert que, lorsque les sujets n'avaient rien dans le ventre, ils se fatiguaient plus vite et arrêtaient environ trente minutes plus tôt. Comme la durée d'une séance dépasse rarement quarante-cinq minutes, ces trente minutes peuvent faire une différence énorme.

J'ai contacté un expert, le Dr David Prince, professeur assistant à l'Albert Einstein College of Medicine de New York ; il m'a expliqué que, lorsque l'on fait du sport l'estomac vide, le corps brûle d'abord les glucides puis les protides avant de brûler les lipides. De plus, dit-il, « on fait baisser le niveau de sucre sanguin, ce qui donne une faim de loup qui pousse la plupart des gens à manger plus que d'habitude ».

Sa recommandation ? Trouvez un compromis : mangez un fruit, une pomme par exemple, qui devrait vous donner assez d'énergie pour une séance d'exercice intense.

PREND-ON PLUS DE POIDS QUAND ON MANGE TARD LE SOIR ?

Il doit se produire quelque chose de magique à dix heures du soir.

Nous connaissons tous des personnes qui évitent de manger dans les heures qui précèdent leur coucher en pensant que les calories qu'elles pourraient absorber le soir comptent d'une certaine façon double. Elles citent en général le « fait » que le métabolisme d'une personne ralentit de façon significative le soir ou que personne ne brûle de calories au milieu de la nuit (à part, bien sûr, les somnambules).

Mais, en réalité, une calorie est la même à midi ou à minuit.

La raison pour laquelle ce mythe est si répandu est peut-être un problème d'observation. La plupart des gens qui mangent tard le soir ont picoré pendant la journée et sont donc affamés le soir. Quand ils se mettent finalement à table, ils prennent en général tout ce qui leur tombe sous la main et il y a de grandes chances – surprise – que ce ne soit pas très diététique ni équilibré.

Il y a également ceux qui font de vrais repas pendant la journée et décident de manger à nouveau tard le soir, si bien qu'ils stockent des calories supplémentaires.

Les gens qui perdent du poids ou se maintiennent mangent en généralement moins le soir car ils ont absorbé les calories dont ils avaient besoin pendant la journée. Ils ont donc moins de petites faims dans la soirée ou parviennent simplement à les contrôler. Dans les deux cas, ce qui compte, c'est qu'ils ne dépassent pas leur limite de calories.

Peu d'études ont réellement testé ce phénomène chez les humains, en grande partie parce que cela demande énormément de travail. Il faudrait suivre de près des personnes qui auraient accepté de bouleverser leurs habitudes alimentaires ainsi que de se conformer à un régime et un programme d'exercice physique soigneusement contrôlés pendant des semaines, sans parler du fait qu'il faudrait surveiller la moindre calorie consommée. (Les enregistrements personnels du régime et de l'exercice physique ne sont pas toujours justes, en particulier lorsqu'il s'agit de grignotages coupables, et comptabiliser les calories des repas que l'on prépare, comme beaucoup de personnes au régime le savent, peut être une tâche gargantuesque.)

Mais plusieurs études sur les animaux, y compris une menée à l'Oregon Health and Science University en 2003, ont examiné cette affirmation et ont montré que les calories consommées tard le soir ne font pas plus grossir que les autres. Les chercheurs ont suivi des groupes de singes qui recevaient des quantités précises de nourriture à différents moments de la journée. Ceux qui mangeaient surtout la nuit n'ont pas pris de poids lorsque le nombre journalier de calories ne dépassait pas leurs dépenses énergétiques. Comme Arlene Spark, professeur associée de nutrition au Hunter College de New York le dit : « À la fin de la journée, les calories que l'on a consommées doivent être égales à celles que l'on a dépensées. »

Une note un peu curieuse : un petit pourcentage de gens – environ 2 % de la population américaine – souffrent d'une maladie connue : ils mangent avec voracité le soir, se réveillent sans appétit et connaissent de fréquents accès d'insomnie. Les personnes souffrant de cette maladie – le syndrome d'alimentation nocturne – consomment la plupart de leurs calories le soir, se levant parfois plusieurs fois dans la nuit pour se gaver d'aliments très riches (selon l'étude, leur aliment de choix est le beurre de cacahuète). Seulement un peu plus de la moitié des personnes souffrant de ce syndrome sont obèses (les autres sont minces ou légèrement en surpoids). Il n'y a pas de remède à cette maladie mais les antidépresseurs peuvent soulager les symptômes.

PRENONS-NOUS DEUX KILOS PENDANT LES FÊTES ?

Les vacances de Noël et autres réunions de familles sont en général l'occasion de copieux repas. Puis on enchaîne avec le premier de l'an et la galette des rois. Le tout à une période où il fait froid et où l'on reste bien au chaud chez soi.

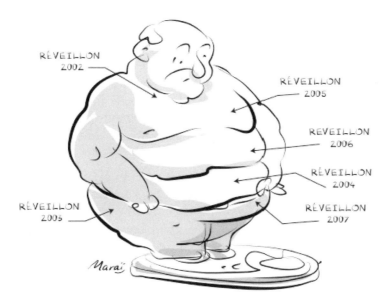

Quand la famille est en visite à la maison et que la cuisine fonctionne à plein régime, on a à peu près autant de chances de faire du sport pendant les vacances de Noël que de voir le Père Noël descendre par la cheminée.

Combien de kilos prenons-nous ? trois, cinq – dix ?

Loin de là. Prenons l'exemple des Américains. Malgré tout ce que l'on entend et tout ce que les miroirs suggèrent, la plupart d'entre eux prennent moins de trois kilos entre Halloween (le 31 octobre) et Noël. Le problème, c'est que les kilos qu'ils prennent ne veulent pas s'en aller. Ces kilos de vacances, même s'ils sont peu nombreux, s'accumulent d'une année sur l'autre.

D'après la plupart des études sur le sujet, un(e) Américain(e) prend en moyenne moins d'un kilo au cours des six semaines qui séparent Thanksgiving (le quatrième jeudi de novembre) et le premier de l'an. Une des études les plus complètes, publiée dans le *New England Journal of Medicine* en 2000, s'est intéressé à un groupe varié d'environ deux cents adultes comptant à peu près autant de femmes que d'hommes. Les chercheurs ont découvert que, entre début octobre et fin février, les participants ont pris en moyenne cinq cents grammes, dont 75 % entre Thanksgiving et le premier de l'an. Celles et ceux qui ont réussi à faire un peu d'exercice physique pendant cette période ont pris le moins de poids ; celles et ceux qui avaient déjà des problèmes de poids en ont pris le plus. Mais seulement 10 % des personnes étudiées ont pris plus de deux kilos.

Je sais ce que vous pensez. Cinq cents grammes, ça ne paraît pas énorme. Mais, quand on considère que, sur toute une vie, une personne prend en moyenne entre cinq cents grammes et un kilo par an, cela donne une autre signification à ces cinq cents grammes. En fait, on dirait que ce petit kilo des vacances est le poids qu'une personne prend sur une année. En prenant cinq cents grammes par an, on prend dix kilos en vingt ans.

Pourtant on peut éviter de prendre du poids pendant les fêtes sans déroger à la tradition. Une partie des calories les plus coupables et les moins remarquées se prennent au travail, où les collègues offrent des bonbons, des chocolats et des gâteaux ou font profiter de leurs restes. Ceux qui vous les ont offerts ne sauront jamais si vous les avez mangés – contrairement à votre tante Marthe, elles ne seront pas assises à votre table – et il est possible d'éviter le piège du bol de bonbons. Une autre façon d'éviter de prendre du poids, c'est de manger un peu moins aux repas de famille. Un ou deux plats, ça va mais trois plats, est-ce raisonnable ?

PRENDRE ET PERDRE TROP SOUVENT DU POIDS EST-IL DANGEREUX POUR LA SANTÉ ET CELA RALENTIT-IL LE MÉTABOLISME ?

Il y a une chose sur laquelle les scientifiques s'accordent à propos des régimes yo-yo : ils sont très courants.

Des enquêtes ont révélé que des centaines de milliers de personnes, pour ne pas dire des millions, ont connu ce phénomène à un moment ou à un autre. Cela concerne surtout les femmes mais également de nombreux hommes, parfois pour des raisons professionnelles ; c'est le cas pour les athlètes ou les acteurs (pensez à Tom Hanks dans *Philadelphia*, *La Ligne verte* et *Seul au monde*).

Le fait de prendre et de perdre du poids ralentit-il le métabolisme ou nuit-il à la santé ? Les réponses à ces questions ont varié au fil des années. Les experts médicaux nous mettent en garde et nous disent que l'effort que fournit le corps quand on perd rapidement du poids avant d'en reprendre peut le fragiliser. D'autres disent qu'il vaut mieux perdre autant de poids que possible, quelle que soit la méthode, car rester en surpoids comporte trop de dangers, parmi lesquels les maladies cardiaques, le diabète et les problèmes respiratoires.

Mais la question n'est pas tout à fait tranchée.

L'idée selon laquelle il faut éviter de jouer au yo-yo avec son poids a gagné du terrain en 1986, quand une étude révéla que des rats que l'on avait privés de nourriture avaient rapidement repris le poids qu'ils avaient perdu quand ils purent à nouveau manger, même si leur alimentation était moins calorique. Après plusieurs périodes de « régime », les rats brûlaient les calories de façon moins efficace et il semblait que le même effet se retrouvait chez les habitués des régimes.

Mais des années de recherche et au moins une demi-douzaine d'études ont prouvé que ce raisonnement trop simpliste était erroné. Une étude publiée dans l'*American Journal of Clinical Nutrition* en 1992 s'est intéressé à cinquante femmes en surpoids qui faisaient des régimes fréquents et n'a pas pu mettre en évidence un ralentissement de leur métabolisme ou une diminution de la perte de poids avec le temps. Mais, comme Cathy Nonas, une experte en obésité du North General Hospital de New York, l'a expliqué avec exaspération, la croyance sur le ralentissement du métabolisme ne mourra jamais. « Nous l'avons discréditée plusieurs fois, dit-elle, mais elle continue à réapparaître. »

La question de savoir si les régimes à répétition nuisent à la santé est une autre histoire. Il est vrai qu'il vaut mieux perdre du poids que rester en surpoids mais une perte de poids trop rapide peut entraîner des problèmes sur le long terme. Dans une étude publiée dans le *Journal of the American Dietetic Association*, une équipe de chercheurs s'est intéressé à cent quatorze femmes en surpoids, dont deux tiers avaient perdu plus de cinq kilos à la suite d'un régime au cours des douze années précédentes. Il s'est avéré que celles dont le poids avait le plus oscillé avaient le plus faible taux de cellules tueuses – les cellules du système immunitaire qui s'attaquent aux virus et participent à la lutte contre le cancer – et que la baisse était visible même chez celles qui n'avaient perdu et regagné du poids que deux fois. Certaines observations montrent que les régimes à répétition font baisser le taux de bon cholestérol (HDL, pour *High Density Lipoprotein*, soit lipoprotéines de haute densité) et peuvent faire augmenter la pression sanguine. Personne ne sait pourquoi.

Si vous projetez de perdre du poids, il ne fait aucun doute qu'il vaut mieux le faire lentement et de façon permanente en faisant plus d'exercice et en consommant moins de calories. Votre métabolisme ne subira pas de modifications.

LE THÉ VERT PEUT-IL AIDER À PERDRE DU POIDS ?

En 1196, le prêtre zen japonais Eisai écrivit le *Kissa Yojoki* ou *Livre du thé*, qui expliquait les divers bienfaits qu'il attribuait de façon certaine au thé vert (entre autres traiter les indigestions, guérir la couperose et améliorer le fonctionnement du cerveau).

Presque mille ans plus tard, certains essaient toujours de prouver qu'une tasse de thé vert a des vertus médicinales. Dans notre culture bercée de produits amincissants, de régimes et de liposuccion, aucune autre caractéristique du thé vert n'a suscité autant d'intérêt – ni donné lieu à autant de produits dérivés – que l'affirmation qu'il lutte efficacement contre les graisses.

Mais, quand on en vient aux faits et à beaucoup d'autres bienfaits supposés liés au thé vert, ce dernier n'est pas à la hauteur de sa réputation. Il n'y a aucune preuve solide que consommer du thé vert peut aider à perdre du poids.

La raison de cette affirmation tient au fait qu'une tasse de thé vert est pleine de catéchines, des composés dont les propriétés antioxydantes accélèrent soi-disant le métabolisme. On pense également que les catéchines augmentent la thermogenèse, qui fait brûler des carburants comme les graisses présentes dans notre corps. Mais, s'il y a une différence, elle est trop faible pour être décelable. Une petite étude a montré que boire régulièrement du thé vert peut faire augmenter la dépense énergétique sur 24 heures de 4 %, un chiffre considéré comme trop petit pour mener à une perte de poids mesurable. Une autre étude menée aux Pays-Bas a obtenu des résultats encore moins révélateurs. Les chercheurs ont découvert que les personnes au régime qui prenaient du thé vert pour rester minces ne perdaient pas plus de poids que celles qui prenaient un placebo.

Mais il n'y a pas que des mauvaises nouvelles. Si vous consommez énormément de thé vert, vous verrez peut-être des bénéfices sur votre poids. Une étude de 2006 a révélé qu'un groupe d'hommes qui buvaient du thé vert pendant un régime de trois mois avaient perdu, en moyenne, un kilo de plus qu'un autre groupe d'hommes qui avaient fait le même régime mais bu du thé Oolong. Le problème, c'est que les hommes avaient reçu chaque jour un extrait spécial de thé vert qui contenait six cent quatre-vingt-dix milligrammes de catéchines. C'est environ vingt fois la teneur d'une tasse de thé vert typique.

En d'autres termes, consommer de l'extrait de thé vert et suivre un régime régulier peut vous aider à perdre du poids. Mais ne vous attendez pas à ce qu'une tasse ou deux par jour fassent la différence.

LE CÉLERI CONTIENT-IL DES CALORIES NÉGATIVES ?

Ce n'est qu'à une époque où la population dépense des centaines de millions d'euros par ans pour perdre du poids et où les troubles du comportement alimentaire semblent parfois à la mode que l'on peut imaginer un concept d'énergie négative.

Depuis des années, certains régimes et livres sur le sujet affirment qu'il existe des aliments qui brûlent plus de calories qu'ils n'en apportent. L'idée est que ces aliments contiennent si peu de calories que la simple action de les mâcher consomme plus d'énergie qu'ils n'en apportent, d'où un déficit en calories et, en conséquence, une perte de poids.

Il y a peu de chances. Ce concept n'est pas complètement faux mais, quand on y regarde plus près, il ne tient pas ses promesses.

En haut de la liste des soi-disant aliments à calories négatives, se trouvent des légumes comme le chou, la laitue, le concombre et, le plus célèbre de tous, le céleri. Une tige de céleri contient huit à dix calories et 95 % d'eau. Mâcher des aliments consomme environ cinq calories par heure. La digestion peut en demander un peu plus – en particulier dans le cas du céleri car il est surtout constitué de cellulose, une fibre que les humains ont du mal à digérer parce qu'ils ne disposent pas des enzymes appropriées.

Mathématiquement, il est donc possible que manger du céleri à longueur de journée puisse entraîner un léger déficit de calories. Mais la différence serait si minuscule que, à la fin de la journée, cela n'aurait aucun impact réel, à moins que le céleri remplace d'autres aliments plus riches qui font grossir. L'autre problème, c'est que le céleri n'est pas seulement pauvre en calories mais également en vitamines et en minéraux.

Si vous remplacez les chips et les biscuits (les aliments qui font grimper la balance) par du céleri, vous perdrez probablement du poids. Mais, soyons réalistes, vous ne perdrez pas de poids en mâchant du céleri une ou deux fois par jour si vous ne changez pas votre alimentation et si vous ne faites pas de sport.

Au fil des années, les lecteurs ont écrit au *Times* pour donner quelques règles « intelligentes » de décompte des calories négatives. Ainsi, un lecteur nous a soumis la théorie très perspicace de sa mère : « Quand elle regarda la famille travaillant fiévreusement pour extraire, avec des pinces, les morceaux de crabe dans les carapaces, elle formula l'hypothèse suivante : nous dépensons plus d'énergie à décortiquer la chair du crabe qu'elle n'en contient. Ainsi, la théorie des calories négatives devrait également tenir compte du nombre de calories qu'il faut dépenser pour préparer le repas. »

Un autre lecteur a suggéré une règle qui favorise les buveurs de bière : « Certains ont suggéré que, lorsque l'on boit une bière très fraîche, elle nous apporte en fait des calories négatives. Ceux qui soutiennent cette théorie disent que l'énergie nécessaire pour réchauffer la bière à la température du corps est supérieure à la quantité d'énergie contenue dans la bière

elle-même. » Une autre lectrice a proposé la théorie suivante :
« Quand vous mangez trop d'aliments riches en calories, man-
gez-en beaucoup. Notre corps perd le compte à un moment
donné. Ainsi, tout ce que l'on mange et qui dépasse ce que notre
corps peut compter ne compte pas... Avec les crêpes, le corps ne
peut compter que les six premières. Le reste ne compte pas. »

Un autre lecteur a mis au point un procédé auquel il est difficile de résister : « La nourriture que l'on ne mange pas – à
une fête, une réception, un cocktail, une réunion, etc. – se
soustrait à notre consommation totale. Supposons par exemple que quelqu'un apporte un énorme gâteau au chocolat au
bureau pour l'anniversaire d'un(e) collègue. Vous passez
votre tour. Ces quatre cents calories et quelques, plus tout le
cholestérol et la graisse, entrent dans la colonne "débit" de
votre compte de graisses. Quoi que vous mangiez dans la journée, vous commencez avec un solde négatif de quatre cents
calories. »

Ces théories semblent aussi crédibles scientifiquement que
les calories négatives du céleri.

4. Manger, boire et être heureux ?

Petit tour de table de ce qu'il (ne) faut (pas) manger

Les Américains mangent plus que toutes les autres nations du monde et les études montrent qu'un tiers de leurs calories proviennent de biscuits, de bonbons, de sodas, de hamburgers et d'autres aliments peu équilibrés. Il semble malheureusement que le reste du monde prend aussi ce chemin.

Dans le domaine alimentaire, la plupart d'entre nous sont tiraillés. Nous sommes tirés dans une direction par notre désir d'avoir belle allure et de nous sentir bien mais tirés dans la direction opposée par notre désir de nous laisser tenter par ce qui est bon. Au-delà de notre obsession pour la nourriture et sa capacité à satisfaire nos papilles gustatives et à flatter notre palais, nous sommes également fascinés par sa capacité à soigner, rendre malade et focaliser l'attention.

Il n'est pas étonnant qu'il y ait autant de lieux communs et de banalités sur la nourriture : elle est présente à tous nos repas ou presque, c'est-à-dire pratiquement toute la journée. Prenons ma journée type :

Lundi, 8 h 30 – Debout ! Je me réveille, je me lève, je me brosse les dents avant de prendre une douche rapide. Je vérifie que mon patron ne m'a pas appelé au sujet d'une nouvelle urgente au journal. Très bien, il est l'heure de manger. Après tout, le petit-déjeuner est le repas le plus important de la journée. Mais en est-on vraiment sûr ? Peut-être que Maman avait tort et que le message sur les paquets de céréales est faux.

9 heures – Pas le temps de petit-déjeuner, de toute façon – j'ai déjà un pied dehors. Mais, si j'ai besoin d'un petit coup de fouet, j'ai le thé. Le vert. On dit que c'est le meilleur remède : il guérit le cancer et nous maintient en bonne santé. En tout cas, c'est ce que j'ai lu.

9 h 30 – Je suis à mon bureau, à deux doigts de m'endormir. Le thé ne marche pas. Ce n'était pas une bonne idée de sauter le petit-déjeuner. Ça doit être pour ça que je suis ramollo. Il est temps de passer au café. Avec un petit pain aux graines de pavot, mes préférées ; mais n'est-ce pas de la drogue ?

13 heures – Le déjeuner. Je meurs de faim. Il y a du thon à la cafétéria aujourd'hui. Parfait : le poisson, c'est bon pour le cerveau. Ou du moins c'est ce qu'on dit. Et une bonne salade avec ça : les carottes sont bonnes pour les yeux. Et Dieu sait que j'en ai besoin. J'ai failli me cogner dans une porte tout à l'heure.

15 heures – Je baille. En pleine digestion. J'ai besoin d'un petit remontant : un peu plus de caféine. L'article sur lequel je travaille ne va pas s'écrire tout seul. Je boirais bien un soda. Mieux vaut en prendre un *light* – pas de sucre, pas de calories et plein de caféine. *Parfait* ! Mais il y a plein d'édulcorants de synthèse dans les boissons allégées. J'ai entendu dire que ça finirait par me tuer.

Euh…

15 h 03 – J'ai hésité pendant quelques instants. J'ai décidé de prendre un soda quand même.

18 heures – Ce soir, je mange tôt. Je n'ai pas beaucoup de temps. J'ai promis à quelques amis de les rejoindre en fin de journée pour boire un verre. Et je ne peux pas boire à jeun. Pas avec eux. Il me faut quelque chose de consistant mais de rapide à préparer. Du poulet. Il y a un petit restaurant en bas de chez moi qui fait de merveilleuses *fajitas* grillées. Mais n'ai-je pas lu un article il y a quelques jours qui disait que la viande grillée donnait le cancer ?

19 h 30 – J'arrive au bar avec une demi-heure de retard. Mon ami Eugène me fait des reproches. Mais ça n'a pas l'air de déranger Johan. On ne peut pas satisfaire tout le monde. Quelqu'un a vu le match d'hier ?

19 h 35 – Le serveur arrive : c'est le moment de faire un choix. Bière ou vodka-pomme ? Je ne peux pas boire les deux, les mélanges rendent malades. Je préfère ne pas me fermer de

portes et commencer avec une petite bière. Dans ce sens-là, ça va, non ? Eugène n'est pas d'accord, bien sûr. C'est l'inverse, mon gars. Johan n'est d'accord avec aucun de nous : d'après lui, ça ne fait aucune différence.

Nous sommes tous les trois embrouillés.

21 heures – J'ai mal au ventre. C'est sûrement le thon. Je ne peux m'en prendre qu'à moi, j'ai transgressé ma règle d'or de ne jamais faire confiance à la nourriture de la cantine. Est-ce que l'alcool soigne les intoxications alimentaires ? Merci à la vodka de tuer les salmonelles, l'*Escherichia coli* et toutes ces autres sales petites bêtes.

Je sais que je l'ai lu dans une étude quelque part. C'était dans ce journal, le... euh... je ne sais plus. On dirait que je perds la mémoire – ça doit être tous ces neurones que j'ai perdus. Pour ça aussi, merci la vodka.

23 heures – Je m'affale sur mon lit. Pas question de prendre une douche maintenant. Mémo pour demain : me brosser deux fois les dents le matin et ne pas prendre de thon à la cantine.

LE PETIT-DÉJEUNER EST-IL VRAIMENT LE REPAS LE PLUS IMPORTANT DE LA JOURNÉE ?

Dans un monde où tout le monde est absorbé par son travail – entre le téléphone mobile, l'agenda électronique et l'ordinateur portable – et cherche à grappiller quelques minutes le matin, pas étonnant que même le petit-déjeuner soit devenu une activité trop gourmande en temps. La plupart des gens se contentent d'avaler un café en attrapant leur veste et en ouvrant la porte, ignorant la toute petite voix maternelle qui leur dit de prendre le temps de s'asseoir pour prendre un petit-déjeuner digne de ce nom.

Le slogan « le petit-déjeuner est le repas le plus important de la journée » sonne plus comme une publicité pour les céréales que comme une vérité scientifique. Mais il se trouve que les mères du monde entier avaient raison.

Des études répétées ont montré que les personnes qui prennent un petit-déjeuner normal chaque matin – en général une source de fibres et de protéines comme des œufs, de la viande, du soja – sont en meilleure santé que les autres. Les bénéfices immédiats d'un bon petit-déjeuner sont une plus grande énergie et une meilleure capacité à se concentrer pendant la journée (en particulier chez les écoliers, d'après les études). Mais il est également clair que prendre un vrai petit-déjeuner peut préserver des maladies.

Dans une étude menée à la Harvard Medical School, des chercheurs ont étudié des milliers d'Américains et ont montré que ceux qui prennent un petit-déjeuner tous les jours ont beaucoup moins de risques d'être obèses que ceux qui n'en prennent pas. Une fois encore, une partie de l'explication réside dans le fait que ceux qui sautent le petit-déjeuner – par manque de temps ou dans l'espoir de perdre du poids – ont tendance à compenser au cours de la journée, en mangeant souvent des cochonneries. Pas étonnant non plus, donc, que les personnes qui sautent régulièrement le petit-déjeuner, et ont donc des régimes déséquilibrés, aient également deux fois plus de chance de développer un syndrome d'insulinorésistance (ou syndrome de résistance à l'insuline), un désordre du métabolisme qui peut déclencher du diabète ou des maladies coronariennes.

Pour beaucoup de gens, le petit-déjeuner est également la plus grande source d'aliments complets, que l'on associe à une meilleure santé et une espérance de vie plus longue. Les céréales complètes entrent dans la composition de certains pains et céréales et elles sont riches en antioxydants, en minéraux et en fibres. Une étude qui a suivi trente-quatre mille femmes de l'Iowa aux États-Unis pendant plus de dix ans a découvert que celles qui mangeaient au moins une portion d'aliments complets par jour – en général au petit-déjeuner – avaient vu leur taux de mortalité global baisser de 25 % sur la durée de l'étude.

Il semblerait que les quinze minutes que vous économisez chaque jour en sautant le petit-déjeuner pourraient vous coûter cher dans le futur.

MANGER DU POISSON EST-IL BON POUR LE CERVEAU ?

En ce qui concerne une autre composante de notre régime alimentaire, la sagesse populaire, que beaucoup d'entre nous ont entendue au fil des années, l'emporte : le poisson est bon pour le cerveau. Une théorie évolutionniste suggère même que les humains se sont développés sur les zones côtières car certains éléments du poisson, en particulier les acides gras oméga-3, sont nécessaires au développement du cerveau.

Pendant des années, le poisson a été une des premières sources de protéines animales dans notre alimentation. Mais, récemment, sa consommation a régressé bien après la viande rouge et la volaille, une baisse fâcheuse due en grande partie à

la contamination aux PCB (polychlorobiphényles) et
cure. Les Américains consomment chaque année en n
1,5 kilo de poisson de moins qu'il y a vingt ans. Mêm
a raison de se préoccuper des polluants, les études suggèrent
que l'on peut profiter des bienfaits du poisson pour le cerveau sans trop de risques en mangeant du poisson deux fois
par semaine et en le choisissant avec soin.

Les plus grands bienfaits – et de loin – du poisson se trouvent dans sa graisse. Pour que les poissons puissent survivre
dans les eaux froides, leur graisse doit être liquide et les graisses liquides sont polyinsaturées. Mais, contrairement aux huiles polyinsaturées comme celles de maïs ou de soja, les huiles
de poisson contiennent de grandes quantités d'acides gras
oméga-3 – EPA (acide eicosapentaénoïque) et DHA (acide
docosahexaénoïque) – qui sont bons pour le cœur et les vaisseaux sanguins et essentiels au développement normal du cerveau. Des études ont montré que ces acides gras font baisser
la pression sanguine, bloquent les substances qui déclenchent
les inflammations, réduisent la formation de caillots sanguins
et préviennent les dommages cardiovasculaires dus aux trigly-
cérides. Voilà une graisse que tout le monde pourrait aimer.

Consommer du poisson est bénéfique entre autres parce
qu'il remplace avantageusement la viande rouge dans les
menus. En tout cas, les études ont montré sans l'ombre d'un
doute qu'un régime riche en poisson permet de garder un
esprit vif, de se protéger contre la maladie d'Alzheimer et
d'autres maladies liées à l'âge. Une étude publiée dans les *Archi-
ves of Neurology* a prouvé que les personnes âgées qui mangeaient du poisson une fois par semaine avaient de meilleurs
résultats aux tests de mémoire et une meilleure acuité intellec-
tuelle que leurs pairs qui n'en mangeaient pas. Le déclin annuel
de leurs capacités intellectuelles fut environ 10 % plus lent et,
chez ceux qui mangeaient du poisson deux fois par semaine, le
chiffre atteignit 13 % lors d'une étude menée sur six ans.

Le poisson est bon pour le cerveau à tous les âges de la vie.
Une autre étude, menée à Harvard, s'est intéressé à cent trente-

cinq mères et leurs enfants et a découvert que plus les mères avaient mangé de poisson pendant le deuxième trimestre de leur grossesse, plus leurs enfants à six mois étaient performants à des tests cognitifs.

Mais, comme les femmes enceintes et celles qui allaitent sont plus vulnérables aux polluants que l'on trouve dans le poisson, mieux vaut qu'elles se contentent de thon en boîte ou de saumon et évitent les poissons qui contiennent beaucoup de mercure. C'est également valable pour les autres adultes. Les poissons les plus susceptibles d'être contaminés sont les grands poissons de haute mer, en haut de la chaîne alimentaire comme le requin, l'espadon, le maquereau roi et le blanquillo.

Pour celles et ceux qui n'aiment pas le poisson ou ne veulent que les bienfaits sans les risques, il existe de nombreux compléments alimentaires. La plupart des compléments en oméga-3 sont à peu près de la même qualité et de la même pureté, mieux vaut donc les choisir en fonction de leur prix. Un complément bon marché est en général aussi bon qu'un plus cher.

Pour ceux qui préfèrent le naturel, il existe de nombreuses espèces de poisson, de l'anchois au tilapia, riches en nutriments et pauvres en polluants. Voici une liste de poissons à choisir et à bannir publiée par l'Environmental Defense, un groupe américain de défense de l'environnement :

Les meilleurs	Les pires
Ormeaux	Thon rouge
Anchois	Caviar (sauvage)
Omble chevalier	Légine australe
Poisson-chat	Morue (ou cabillaud)
Palourdes	Mérou
Crabe	Flétan de l'Atlantique

Les meilleurs	Les pires
Écrevisse	Marlin
Flétan du Pacifique (Alaska)	Lotte (ou baudroie)
Hareng	Hoplostète rouge
Dorade coryphène (mahi-mahi)	Saumon atlantique (élevage)
Moules	Requin
Huîtres	Raie
Saumon (rose sauvage ou rouge)	Vivaneau
Sardines	Esturgeon sauvage
Coquilles Saint-Jacques	Espadon
Bar	Blanquillo
Esturgeon	
Tilapia (Saint-Pierre)	

MANGER DES CAROTTES AMÉLIORE-T-IL LA VUE ?

La plupart des enfants n'ont sans doute jamais entendu parler de John « *Cat's Eyes* » Cunningham (John « aux yeux de chat ») mais beaucoup ont sans doute terriblement souffert lors des repas à cause de ce qu'il a fait il y a plus de soixante ans.

En 1940, Cunningham, un aimable capitaine de la Royal Air Force (RAF) britannique, fut le premier pilote à abattre un appareil ennemi – puis de nombreux autres – en utilisant une invention récente appelée radar.

À l'époque, les militaires britanniques voulaient à tout prix garder leur nouvelle invention secrète et le gouvernement attribua l'extraordinaire capacité qu'avait Cunningham de repérer des appareils ennemis la nuit à son goût prononcé pour les carottes. Cette histoire a l'air ridicule mais les journaux anglais attribuèrent rapidement la soudaine augmentation du nombre de chasseurs allemands abattus par la RAF au fait que les pilotes mangeaient de grandes quantités de carottes, ce qui améliorait énormément leur vision de nuit.

Le secret du radar finit par s'éventer, mais l'idée que les carottes peuvent améliorer la vue perdura, et cela n'est peut-être pas dénué de raison.

Les carottes sont riches en bêta-carotène, un composant de la vitamine A, qui est essentielle à la vue. Ce n'est pas un hasard si, dans les pays où le riz est l'essentiel du régime alimentaire et où les autres sources de vitamine A sont rares, beaucoup de gens ont des problèmes de vue.

Peut-on laisser ses lunettes au placard en mangeant des carottes ? Sans doute pas. Les études montrent que, bien que consommer de la vitamine A puisse résoudre certains problèmes de vue dus à des déficiences, elle n'améliore pas la vue ni ne ralentit sa baisse dans une population en bonne santé.

Une étude menée par des chercheurs de l'université John Hopkins aux États-Unis en 1998, par exemple, s'est intéressé et à trente mille femmes en Asie du Sud qui souffraient d'un déficit en vitamines. Les chercheurs ont découvert qu'un groupe qui avait reçu des suppléments de vitamine A comptait 67 % de cas d'héméralopie (cécité nocturne) de moins qu'un groupe qui avait reçu un placebo. Mais, en 2003, des chercheurs du Brigham and Women's Hospital de Boston ont découvert que des milliers d'hommes en bonne santé qui avaient pris des compléments de bêta-carotène pendant douze ans avaient le même taux de cataracte liée à l'âge que ceux qui avaient reçu un placebo. Les fumeurs étaient les seuls à en tirer un bénéfice, un groupe dont le comportement faisait courir un plus grand risque de souffrir de cataracte que les autres. Les fumeurs de cette étude qui prirent du bêta-carotène virent leur risque de cataracté baisser de 25 %.

Cunningham, vétéran décoré de la Seconde Guerre mondiale, mourut en héros en Angleterre en 2002. Mais le mythe dont il est à l'origine continue à survivre sur toutes les tables.

LES BETTERAVES SONT-ELLES BONNES POUR LE FOIE ?

Les betteraves font partie des aliments qui ont la réputation, parmi toutes les personnes qui font attention à leur santé, de désintoxiquer et nettoyer le sang. Mais cette réputation est peut-être due au fait que les betteraves sont très abondantes dans le Caucase en Russie, une région où la densité de centenaires est forte malgré le succès de la vodka. Certains experts pensent que le régime local, riche en betteraves marinées et en bortsch (une soupe de betterave), pourrait expliquer pourquoi certaines personnes vivent si longtemps.

Des études menées sur des animaux ont montré qu'un pigment présent dans les betteraves rouges appelé bétalaïne peut faire légèrement monter le taux d'une enzyme qui aide à lutter contre les cellules cancéreuses du foie et que ce pigment aide peut-être à protéger d'autres maladies, comme le cancer du colon. On pense que le rôle précis des enzymes consiste à purger les cancérigènes du corps.

Il y a juste un petit problème. Avez-vous déjà remarqué que les betteraves peuvent colorer votre urine en rouge ? C'est parce que beaucoup de gens ne peuvent pas digérer le pigment rouge : il traverse tout simplement leur système digestif – avec peu ou pas d'effet sur le foie.

Il faut également signaler que les betteraves sont riches en antioxydants – qui luttent contre les maladies – comme le bêta-carotène, les caroténoïdes et les flavonoïdes. Mais, encore une fois, c'est également le cas de la plupart des fruits et des légumes.

Les betteraves sont peut-être bonnes pour le foie mais pas vraiment plus que de nombreuses choses appétissantes que vous pouvez trouver au rayon fruits et légumes de votre supermarché.

BOIRE UN VERRE DE VIN À TABLE PROTÈGE-T-IL DES INTOXICATIONS ALIMENTAIRES ?

Tout le monde sait aujourd'hui qu'un peu d'alcool de temps en temps permet de prévenir les maladies cardiaques et la folie. Mais on sait moins que, selon certains, l'alcool peut avoir des effets bénéfiques immédiats pour la santé et agir en quelque sorte comme un antiseptique qui protège contre les bactéries qui se tapissent dans une salade d'œufs pas frais.

On dirait encore une histoire de bonnes femmes. Mais allez-y, buvez un petit verre avec votre repas. C'est vrai.

Pour le prouver, des scientifiques ont étudié les crises d'intoxication alimentaire lors de grandes réunions, en prenant soin de faire la différence entre ceux qui avaient été malades et ceux qui ne l'avaient pas été et en cherchant pourquoi. En 2002, par exemple, les autorités sanitaires espagnoles ont étudié une épidémie de salmonelle qui avait frappé des personnes qui avaient eu la malchance de se voir servir une mauvaise salade de thon et de pommes de terre dans un grand banquet à Castellon. Plus de cinquante personnes furent exposées à la salmonelle par l'intermédiaire de la nourriture mais elles ne tombèrent pas toutes malades.

La quasi-totalité des personnes exposées à la salmonelle et qui n'avaient bu que des boissons sans alcool au banquet furent très malades mais « seulement » 78 % de celles qui accompagnèrent les aliments contaminés d'une ou deux boissons alcoolisées tombèrent malades. De plus, seulement la moitié de ceux qui avaient été exposés mais avaient bu trois verres d'alcool ou plus furent malades. D'autres études espagnoles ont également montré que ceux qui avaient bu le plus d'alcool lors de soirées reliées à des épidémies de salmonelle étaient les moins malades.

Il semblerait que l'alcool ait de réelles vertus médicinales. Qui aurait cru que la vodka ou la tequila pourraient être utiles en dehors des soirées étudiantes ?

Cependant, si vous comptez boire un verre d'alcool pour accompagner un repas douteux, je vous conseille de doubler les doses. Certaines preuves solides suggèrent qu'il faut que la quantité d'alcool atteigne une certaine valeur pour avoir un effet préventif. Des études sur de grandes épidémies d'hépatite A liées à la consommation d'huîtres ont montré que seules les boissons titrant à plus de 10 % ont un effet protecteur. Autrement dit, si vous buvez de la bière et mangez de la salade de thon à un mariage, envisagez de boire un ou deux verres de vin au cours du repas.

Cet effet est peut-être lié à la capacité qu'a l'alcool de fortement stimuler la sécrétion d'acide gastrique dans l'estomac, ce qui crée un environnement mortel pour les germes et les bactéries. Le vin est particulièrement efficace dans ce domaine car le raisin a des propriétés antibactériennes bien connues. Le vin blanc semble être le plus efficace car il est légèrement plus acide que le vin rouge. Mais les deux feront l'affaire. Vous vous sentirez sûrement mieux que le malheureux qui boit du soda dans son coin.

L'ALCOOL TUE-T-IL VRAIMENT LES NEURONES ?

Quand les Grecs de l'Antiquité voulaient rassurer leur invité qui craignait que son verre eût été empoisonné, ils trinquaient à la bonne santé.

Bien que boire du vin empoisonné soit moins préoccupant aujourd'hui qu'autrefois, il reste quelques risques à boire un peu trop – la gueule de bois est, bien sûr, le plus courant d'entre eux.

Mais une chose dont les buveurs sociaux n'ont pas à avoir peur, c'est de perdre leurs cellules nerveuses : les gens qui boivent régulièrement et parfois même beaucoup ne risquent pas de perdre des neurones.

L'idée que l'alcool tue les cellules cérébrales survit depuis des décennies. De nombreuses études ont établi le lien entre une forte consommation d'alcool et des déficits mentaux; il existe des preuves que des années de consommation excessive entraînent des dommages importants sur le long terme. Les cerveaux en développement sont particulièrement vulnérables aux effets de l'alcool : les adolescents et les fœtus courent le risque le plus important.

Comme l'alcool est un désinfectant puissant, il peut nuire aux cellules humaines et même les détruire à forte dose. Mais les concentrations d'alcool dans le sang suffisantes pour rendre une personne ivre – 0,1 % ou plus – sont bien en dessous des concentrations très élevées mortelles pour les cellules (l'alcool utilisé pour stériliser est typiquement pur à quasiment 100 %). Même une personne qui aurait bu énormément arrêterait très certainement de respirer (l'alcool cause des détresses respiratoires) bien avant que le niveau d'alcool dans son sang atteigne ne serait-ce qu'1 %.

Cela a été confirmé par des approches plus directes. Dans une étude déjà ancienne, des chercheurs ont comparé le cerveau de personnes alcooliques qui n'étaient pas mortes d'un excès d'alcool avec celui de personnes non alcooliques d'âge et de milieu similaires : ils ont trouvé à peu près la même densité de neurones dans les deux groupes.

Mais, même si l'alcool ne tue pas les cellules neuronales directement, une surconsommation peut entraîner des problèmes sur le long terme. La plupart des lésions sont dues à la perturbation des dendrites (qui véhiculent les messages) des neurones du cervelet, une structure cérébrale qui intervient dans l'apprentissage et la coordination motrice. À court terme, on reconnaît les symptômes familiers d'intoxication : lenteur des réflexes, désinhibition et difficultés d'élocution. À long terme, l'alcool réduit de façon permanente la communication entre les neurones et modifie leur structure.

Encore un avertissement : bien que l'alcool ne tue pas directement les cellules nerveuses, une consommation importante peut entraîner la mort des cellules par d'autres mécanismes. Les alcooliques ont tendance à ne pas se préoccuper de leur santé et de leur régime alimentaire, ce qui leur fait courir un risque de développer le syndrome de Wernicke-Korsakoff, un trouble sévère qui dévaste la mémoire et provient d'un déficit en thiamine.

Dans une étude de 1999, des scientifiques ont comparé le cerveau de personnes alcooliques souffrant du syndrome de Wernicke-Korsakoff à celui de personnes alcooliques et de personnes non alcooliques. Alors que l'on pouvait voir une baisse de la densité des cellules dans le cervelet des cerveaux atteints par ce syndrome, il y avait peu de différence entre les alcooliques qui n'avaient pas souffert de ce syndrome et les sujets sains, ce qui suggère que c'est majoritairement le manque de thiamine chez les patients atteints du syndrome qui avait tué leurs neurones et pas l'alcool lui-même.

LES FEMMES SONT-ELLES PLUS VITE IVRES QUE LES HOMMES ?

Même Dorothy Parker, écrivain et poétesse, grande consommatrice d'alcool et d'acide, qui but avec Hemingway et dont un martini porte le nom, reconnut qu'elle ne pouvait pas boire plus de deux martinis : « À trois, je roule sous la table et, à quatre, je roule sous mon hôte », raconta-t-elle un jour.

Une simple observation suggère que Parker n'est pas seule : les femmes en général ressentent les effets de l'alcool plus rapidement que les hommes. Mais, bien que la plupart des gens l'expliquent en termes de différence de taille moyenne, l'explication scientifique réside plutôt dans la structure du corps.

Comme le corps des femmes contient globalement moins d'eau, la concentration d'alcool dans leur sang est plus élevée que celle des hommes, même lorsque l'on corrige les effets du poids et de la taille. Les enzymes jouent également un rôle. Une étude qui fait référence, publiée dans le *New England*

Journal of Medicine en 1990, a découvert que, chez les femmes, le taux d'alcool-déshydrogénase gastrique (ADH), une enzyme qui décompose l'alcool, est environ la moitié de celui des hommes. Cette étude a également découvert que la quantité d'alcool métabolisé juste après son premier passage dans le foie et l'estomac d'une femme est environ cinq fois plus faible que chez les hommes.

Quelle que soit leur taille, les femmes ne digèrent tout simplement pas bien l'alcool. Comparé aux hommes, un plus grand pourcentage d'alcool se déverse dans leur sang et va directement au cerveau. Personne ne sait pourquoi. Mais les femmes qui boivent beaucoup développent des cirrhoses et d'autres maladies liées à l'alcool plus vite que leurs homologues masculins.

Le côté positif ? Les femmes qui boivent un verre ou deux par jour ont moins de risques d'avoir des attaques cardiaques, des problèmes cardiovasculaires et la maladie d'Alzheimer que celles qui ne boivent pas.

EST-IL VRAIMENT SI MAUVAIS DE BOIRE LE VENTRE VIDE ?

C'est une règle d'or intemporelle à propos de la consommation d'alcool, que nous connaissons tous et que nous avons presque tous enfreinte : toujours se remplir de nourriture avant de se remplir d'alcool.

La sagesse populaire suggère que boire le ventre vide rend ivre plus vite. Mais quelle différence le fait de manger avant fait-il réellement ?

À en croire plusieurs études et plusieurs experts sur l'alcool, cela fait une grande différence, en grande partie à cause de la façon dont l'alcool est métabolisé par l'estomac et le petit intestin. Quand une personne consomme de l'alcool, son corps commence immédiatement à le décomposer mais une partie passe directement dans le sang.

Avoir des aliments dans l'estomac, en particulier des protéines, des graisses et des glucides denses, ralentit ce phénomène d'absorption.

Certaines choses l'accélèrent : les boissons gazeuses (le gaz augmente la vitesse d'absorption, c'est la raison pour laquelle le champagne agit si vite) et les températures élevées (les boissons chaudes sont absorbées plus vite que les froides).

Une étude de 1994 a montré l'influence de la nourriture en demandant à un groupe de dix personnes de boire quelques verres en deux occasions distinctes. Ils burent à jeun dans un cas et après un petit-déjeuner léger dans l'autre. Le jour où les sujets avaient mangé, l'ivresse fut plus lente, bien que la quantité d'alcool fût la même. Le taux d'alcool dans le sang des sujets plafonna à des valeurs significativement plus basses – en moyenne inférieures de 30 % – que lorsqu'ils avaient sauté le petit-déjeuner.

Dans certains cas, prendre un repas avant de boire empêcha le taux d'alcool dans le sang de monter au-dessus de 0,08 % (la limite légale du taux d'alcoolémie est d'environ 0,05 % en France). Pour attendre 0,8 g/litre, un homme de quatre-vingts kilos doit consommer environ trois verres de bière de vingt-cinq centilitres. Pour une femme de soixante kilos, il en faut à peine deux. Bien que nos métabolismes soient différents, une personne a besoin de sept heures pour redevenir complètement sobre.

Une fois l'alcool passé dans notre système digestif, rien de ce que certains prétendent faire pour baisser le niveau d'alcool plus vite – le café, une douche froide – ne marchera. Tout ce que l'on peut faire, c'est boire beaucoup d'eau et laisser la nature suivre son cours.

MÉLANGER LES ALCOOLS REND-IL MALADE ?

Boire trop d'alcool est rarement une bonne idée mais certains disent que mélanger la bière et les spiritueux ou mélanger du vin blanc et du vin rouge, en particulier dans cet ordre, peut être dangereux.

Certains en ont même fait des maximes : « Blanc sur rouge, rien ne bouge; rouge sur blanc, tout fout le camp ! ». Les Anglo-Saxons ont leurs maximes : « *Beer before liquor, never been sicker* » ou : « *Beer on whiskey, awful risky; whiskey on beer, never fear*[1]. »

Il y a probablement des centaines façons de le dire et encore plus de théories sur la façon dont ça a commencé. Il est possible que cela soit lié à la façon dont nous digérons les boissons alcoolisées. Les boissons gazeuses comme la bière, le champagne et les vins pétillants, par exemple, passent plus rapidement dans le sang car elles ont tendance à irriter la paroi de l'estomac. Commencer avec de la bière avant de passer au vin ou au whisky peut donc théoriquement rendre malade plus vite.

Mais, en réalité, cela n'a que peu effet et cet effet passerait inaperçu. Ce qui compte le plus, c'est la quantité d'alcool qu'une personne consomme et si elle mange, ce qui ralentit l'absorption et diminue les effets indésirables.

Mais, selon Carlton K. Erickson, directeur de l'Addiction Science Research and Education Center à la faculté de pharmacie de l'université du Texas, il existe une autre explication au problème qui se pose lorsque l'on boit « de la bière avant un spiritueux ». Il concerne surtout l'ordre dans lequel les gens consomment en général les boissons.

« La plupart des gens ne boivent pas beaucoup de bière après les spiritueux », fait-il remarquer.

---

1. « De la bière avant un spiritueux, je n'ai jamais été aussi malade » et « Bière sur whisky, terriblement risqué; whisky sur bière, rien à craindre » (NDT).

« Ce qui se produit le plus souvent, c'est que les gens boivent de la bière avant de passer aux spiritueux vers la fin de la soirée ; ils pensent donc que c'est le spiritueux qui les a rendus malades », poursuit-il. « Mais le simple fait de mélanger les deux n'a rien à voir là-dedans. »

Il est peut-être temps de réviser la maxime : « Si on fait trop la fête, on a mal à la tête. »

Je dois dire que la poésie n'a jamais été mon fort.

LES GRAINES DE PAVOT CONTIENNENT-ELLES VRAIMENT DE LA DROGUE ?

Vous avez peut-être vu cette scène dans la série *Seinfeld*. Elaine prend un bagel ou deux pour le petit-déjeuner, passe un test de drogues pour son travail et découvre le lendemain qu'elle a été déclarée positive – « Vous savez, lotus blanc. Yam-yam. Shanghai Sally », lui dit M. Peterman, son patron.

Nous savons tous que les drogues qui créent la plus forte dépendance pour l'homme – l'héroïne, l'opium et la morphine – et un ingrédient très utilisé sur les pains – les graines de pavot –, dérivent tous de la même plante, le pavot. Le fait qu'un test de drogues puisse confondre les graines de pavot avec une drogue puissante ressemble à une légende urbaine mais c'est tout à fait vrai.

Il suffit de manger deux petits pains couverts de graines pour que des niveaux anormaux de morphine circulent dans notre sang pendant des heures, que les tests de drogues peuvent détecter ; de nombreux toxicologues peuvent citer des exemples de cas réels. Un test ultérieur permet d'éliminer l'héroïne mais pas les autres opiacées : il recherche un métabolite particulier, le 6-acétylmorphine. Mais quelqu'un qui aurait mangé du pain couvert de graines de pavot au petit-déjeuner et subirait un test dans la journée aurait des niveaux de morphine bien inférieurs à ceux d'une personne qui abuse des analgésiques, par exemple.

C'est pour cette raison que le gouvernement américain a récemment relevé le seuil des opiacées dans les tests effectués par la médecine du travail de trois cents nanogrammes (milliardièmes de grammes) par millilitre à deux mille. Avec cette nouvelle limite, il faudrait consommer une douzaine de petits pains pour passer au-dessus de la limite.

Le Dr Timothy P. Rohrig du Regional Forensic Center (centre régional de médecine légale) au Kansas, un expert en la matière, affirme que le nouveau test est conçu pour être raisonnable. Si quelqu'un était contrôlé bien au-dessus de la limite de deux mille nanogrammes par millilitre et « essayait d'expliquer qu'il mange quinze petits pains au petit-déjeuner, cela semblerait suspect », dit-il. Par contre, si une personne dépassait le seuil et disait utiliser du sirop contre la toux contenant une opiacée comme la codéine pour son rhume, cela semblerait plus crédible et elle pourrait même être disculpée par un deuxième test.

Tout cela soulève une autre question importante : si manger quelques petits pains aux graines de pavot vous fait passer au-dessus du seuil des tests de détection d'opium, cela signifie-t-il que vous pouvez ressentir les mêmes effets qu'après avoir pris de la drogue ?

Eh bien ne comptez pas trop là-dessus. Comme vous mangez les graines de pavot et ne les fumez pas, vous n'aurez plus faim bien avant de ressentir quoi que ce soit.

CERTAINS ALIMENTS PEUVENT-ILS DONNER DES BOUTONS ?

Malgré ce que les parents du monde entier disent à leurs enfants, la plupart d'entre nous savent que le chocolat et les aliments gras ne donnent pas d'acné. Nous arrêtons de croire ce tissu de mensonges aux alentours de quinze ans. Cependant il serait faux de croire que ce que nous mettons dans notre corps n'a aucun effet sur notre peau – qu'en est-il donc des autres aliments ?

Ce dont les scientifiques sont sûrs, c'est que l'acné est largement influencée par l'hérédité et les fluctuations hormonales, d'où sa tendance à apparaître au moment de la puberté, de la grossesse et de la ménopause, quand les hormones se détraquent. Ce qui m'amène à faire la révélation suivante : personne n'associe le lait et le fromage aux problèmes de peau mais, en plus du sel et de la graisse, tous les produits laitiers sont également riches en… hormones.

Bien peu de parents qui ont effrayé leurs enfants avec leurs histoires de chocolat et de frites qui déclencheraient des poussées de boutons ont pris le temps de réfléchir à ça. Mais les scientifiques l'ont fait (peut-être quelques-uns étaient-ils inspirés par leur acné et leurs angoisses d'adolescent ?).

En 2005, des scientifiques d'Harvard ont été mis sur la piste des produits laitiers après avoir analysé les habitudes et le régime alimentaires de près de cinquante mille personnes, en particulier ce qu'elles mangeaient à l'école. Il s'est avéré que ceux qui buvaient trois verres de lait par jour ou plus avaient 22 % de risques en plus de souffrir d'acné que leurs camarades qui en buvaient un verre par semaine ou moins. Pour une raison inconnue, le lait écrémé a l'impact le plus important. Un lien fut également établi avec le fromage à tartiner et le cottage cheese mais pas avec le chocolat et les aliments gras.

Les aliments qui contiennent de l'iode, comme les fruits de mer et la sauce soja, semblent également aggraver l'acné, pour une bonne raison : on pense que les iodures jouent un rôle dans les inflammations.

Une autre idée reçue sur l'acné ? Qu'il augmente en été et se calme en hiver. En général, l'impact de la saison diffère d'une personne à une autre mais une étude publiée en 2002 dans le *Journal of Dermatology* s'est intéressé à quatre cent cinquante-deux personnes souffrant d'acné et a découvert que 56 % d'entre elles voyaient leur acné s'aggraver en été contre seulement 11 % en hiver.

Il semble logique que les symptômes diminuent en été et ceux malgré toutes les glaces en vente au bord de la plage. Une plus grande exposition au soleil, en particulier à la lumière ultraviolette, détruit les bactéries responsables de l'acné. Une étude importante a découvert que le traitement par la lumière marche mieux que le peroxyde de benzoyle, qui entre dans la composition de nombreux traitements vendus en pharmacie.

Mais ne vous ruez pas dehors pour vous faire dorer comme une frite au soleil en installant des réflecteurs partout autour de vous. Plutôt que vous exposer à des rayons cancérigènes pendant des heures, vous pouvez consulter un dermatologue équipé d'une machine fournissant de la lumière dépourvue de ces longueurs d'ondes nocives.

LA VIANDE GRILLÉE DONNE-T-ELLE LE CANCER ?

Qu'il est agréable de sortir le barbecue quand les beaux jours arrivent pour manger en famille sur la terrasse. Mais les dernières nouvelles ne sont très bonnes pour les cuisiniers de jardin comme moi.

Au printemps 2005, juste avant l'ouverture de la saison de barbecues, l'US Department of Health and Human Services[1] a discrètement ajouté les amines hétérocycliques – un type de composé que l'on trouve dans la viande rouge, la volaille et le poisson grillés – à la liste des produits cancérigènes, ce qui a assombri une situation déjà morose. Au moins un autre groupe de composés chimiques, les hydrocarbures aromatiques polycycliques (ou HAP), que l'on trouve également sur les viandes cuites au charbon, était déjà sur la liste depuis 1981.

Faire un barbecue avec des amis est une de mes activités favorites en été et j'ai donc troqué mon tablier de cuisinier contre ma casquette de reporter pour en savoir plus. Il va sans dire que nous avons tous à un moment ou à un autre mangé un aliment en prétendant qu'il ne contenait pas un ou deux ingrédients nocifs. Si nous ne nous mentions pas parfois à nous-mêmes, comme en ce genre d'occasion, nous ne mangerions presque rien.

Mais, pour la viande grillée, c'est différent. Aucun des deux produits suspects cités plus haut n'est plaisant. Les amines hétérocycliques apparaissent quand la créatinine, un acide aminé que l'on trouve dans la viande, se décompose à haute température. Ils peuvent se former à la surface de votre steak ou de votre filet, que vous le grilliez ou le fassiez cuire à la poêle. C'est le même phénomène avec une plaque chauffante comme celle des restaurants japonais. Les hydrocarbures aromatiques polycycliques, par contre, sont des composés chimiques qui contaminent la viande par l'intermédiaire de la fumée générée par la graisse qui tombe sur les braises. Ces composés se déposent sur votre viande quand la fumée remonte.

Vous avez toujours faim ?

Les inquiétudes à propos de ces deux composés chimiques sont nées en grande partie d'études épidémiologiques. En 1999, par exemple, des chercheurs du National Cancer Ins-

---

1. L'équivalent de notre ministère de la Santé (NDT).

titute aux États-Unis ont mené une grande étude sur le cancer colorectal et ont découvert que le risque de développer la maladie est étroitement lié à la consommation de viande rouge, en particulier lorsqu'elle est grillée ou bien cuite. Une autre étude de 2002 s'est intéressé à plus de huit cents Américains et a découvert que ceux qui mangeaient le plus de viande grillée semblaient doubler leur risque d'avoir un cancer du pancréas, après correction pour le tabagisme, l'âge et d'autres facteurs de risque. Des études menées en Europe, en Asie et en Amérique du Sud ont eu des résultats comparables.

Il n'est pas nécessaire de mettre votre tablier au placard et d'abandonner l'art ancestral de la grillade pour autant. Voici quelques conseils de l'American Institute for Cancer Research qui peuvent limiter les risques :

- Comme les hydrocarbures aromatiques polycycliques sont en partie générés par les braises chaudes, vous pouvez les éviter simplement en utilisant un barbecue à gaz.
- Comme on trouve ces deux produits cancérigènes dans la viande cuite à haute température ou exposée aux flammes, vous pouvez préchauffer vos aliments au four à micro-ondes, ce qui réduit le temps de cuisson sur le grill.
- Il a été prouvé que faire mariner les aliments a un effet protecteur important, probablement parce que le liquide les empêche de brûler. Selon l'American Institute for Cancer Research, faire mariner ne serait-ce que pendant quelques minutes peut faire baisser la quantité d'amines hétérocycliques qui se forment jusqu'à 99 %. Le mieux est d'utiliser des marinades épicées ou avec une base acide, comme le jus de citron ou le vinaigre, et de limiter la quantité d'huile pour ne pas que des flammes apparaissent. Environ un bol de marinade pour un kilo de viande devrait suffire. Ce n'est pas la peine de complètement immerger votre viande mais il faut la tourner de temps en temps. (Vous pouvez également utiliser un sac congélation, cela marche très bien.) Il faut faire mariner le poisson pendant environ 20 minutes; comptez 45 minutes pour la volaille et la viande rouge.

– Choisissez des viandes maigres et bien dégraissées car moins de graisse coulera sur les braises. Les escalopes de poulet, les crevettes, le poisson et les morceaux de viande maigres sont probablement le meilleur choix, contrairement aux côtes et aux saucisses – très riches en gras. Découpez votre viande en morceaux plus petits, ils cuiront plus vite sur le grill.

– Essayez d'avoir un vaporisateur d'eau à portée de main pour contrôler les flammes. Et, plutôt que de mettre vos grillades directement sur la grille, déposez-les sur une feuille d'aluminium percée. Non seulement cela les protégera de la fumée et des flammes mais cela empêchera à la graisse et au jus de tomber sur les braises.

– Ne mangez pas les parties carbonisées ! Ce sont elles qui sont particulièrement dangereuses. Grattez-les avant de commencer votre repas.

– Enfin, mangez des légumes. Ce sont les composés chimiques sur la viande grillée qu'il faut éviter. Vous pouvez manger autant de légumes grillés que vous voulez sans inquiétude.

5. Planète toxique

Nous vivons dans un monde dangereux, première partie

Nous vivons dans un monde plein de contradictions. Nous sommes en meilleure santé, plus intelligents, plus avancés, nous vivons plus longtemps et nous avons plus de confort que jamais. Nous passons beaucoup de temps à énoncer des règles pour nous protéger des dangers des produits industriels et agricoles mais, au final, nous passons un temps fou à nous interroger sur les toxines invisibles qui se cachent dans les villes, les maisons, les médicaments, les jouets, les bonbons et les gadgets que nous avons conçus pour nous faciliter la vie.

Cela ne veut bien sûr pas dire que les dangers qui nous préoccupent ne sont pas réels. Les produits agroalimentaires produits en masse nous font effectivement grossir et nous rendent diabétiques, les bactéries et les virus résistants aux traitements nous exposent à des maladies effrayantes et beaucoup de polluants industriels font augmenter les taux de cancer. Nous ne pouvons pas éviter tous les risques. Nous sommes donc parfois condamnés à être victimes des produits toxiques de l'environnement que nous avons façonné.

Poutant se pourrait-il que nous nous inquiétions trop ? Est-il possible que nos obsessions et nos angoisses à propos de ces risques toxiques soient disproportionnées par rapport aux réels problèmes qu'ils posent ?

La plupart d'entre nous achetons et utilisons religieusement de coûteux savons antibactériens mais combien d'entre nous regardent la composition des désodorisants d'intérieur avant de les vaporiser dans toute la maison ? Certains ne boivent pas d'eau du robinet mais roulent à toute vitesse sur l'autoroute, mangent dans des fast-foods, font des UV ou payent pour se jeter d'un avion en vol avec un parachute sur le dos – des activités à haut risque. Et combien de fumeurs se plaignent de vivre près d'une usine ?

Pourquoi ne voyons-nous que la maladie de la vache folle et les déodorants mortels et pas les autres choses visiblement plus susceptibles de nous nuire ? Selon les psychologues qui étudient la perception du risque, tout est une question de contrôle. Quand nous avons choisi le risque que nous courrons et qu'il ne nous a pas été imposé, nous sommes en général confiants. Comme le Dr George Gray, directeur exécutif du Harvard Center for Risk Analysis, me l'a un jour expliqué, il n'y a qu'à regarder la fureur déclenchée lors de la saison de grippe en 2004, quand le gouvernement américain annonça une rupture du stock de vaccins contre la grippe et imposa des restrictions sur les personnes à vacciner.

Presque immédiatement, des gens se ruèrent vers leur pharmacie pour demander un vaccin – y compris ceux qui ne s'étaient jamais fait vacciner avant.

« Tout le monde était devenu dingue », poursuivit Gray.

Mais, un mois plus tard, quand le vaccin fut à nouveau disponible en quantité, quasiment plus personne ne demanda à se faire vacciner. La demande baissa en fait tellement qu'un comité de conseil recommanda rapidement que les restrictions sur les vaccinations soient levées, craignant que des dizaines de milliers de doses de vaccin ne finissent à la poubelle.

« Quand il nous semble que quelqu'un d'autre contrôle le fait que nous soyons en danger ou pas, dit Gray, alors nous réagissons de manière disproportionnée par rapport au risque. »

Quels sont donc les risques que nous font courir les plastiques, les produits chimiques et tous les autres objets artificiels que nous avons introduits dans notre monde ?

L'EAU EN BOUTEILLE EST-ELLE MEILLEURE QUE L'EAU DU ROBINET ?

Ce n'est pas un secret : nous avons peur de ce qui sort de nos robinets. Selon les sondages, les craintes concernant l'eau du robinet sont, à l'échelle mondiale, la première cause de l'envolée des ventes d'eau en bouteille de ces dix dernières années.

Si vous vivez dans une grande ville et dépensez régulièrement de l'argent dans de l'eau en bouteille, cela vous rassure sans doute mais c'est à peu près tout. La vérité, c'est qu'un quart ou plus de toutes les marques d'eau en bouteille vendues aux États-Unis ne sont rien d'autre que de l'eau municipale filtrée. Les grandes villes doivent régulièrement désinfecter leur circuit d'eau et tester la présence de parasites mais ce n'est pas le cas des producteurs d'eau en bouteille. Alors que le gouvernement américain demande aux entreprises de production d'eau en bouteille de tester leur eau une fois par mois, les municipalités doivent tester l'eau du robinet plusieurs fois par jour.

Il y a une vieille maxime qui concerne une des eaux en bouteille les plus populaires au monde, l'Évian. Avez-vous déjà remarqué que cela donne « naïve » quand on le lit à l'envers ? C'est probablement simplement une coïncidence.

METTRE DU CHLORE DANS L'EAU DU ROBINET EST-IL SANS DANGER ?

Les compagnies qui fabriquent et vendent des filtres pour l'eau affirment souvent que le chlore parfois utilisé pour traiter l'eau du robinet est cancérigène.

Cela ressemble à un slogan publicitaire pour vendre plus de filtres. Eh bien vous pouvez l'ajouter à votre liste de faits bizarres mais vrais : ce n'est pas que de la pub.

Le chlore que l'on ajoute dans l'eau du robinet peut effectivement mener à la formation d'un groupe de composés chimiques appelés trihalométhanes, qui sont considérés comme cancérigènes. La réaction qui crée ces composés se produit quand le chlore se mélange avec les substances organiques de l'eau et elle génère également deux autres composés – les acides haloacétiques et une substance appelée mutagène X (ou MX) – qui sont beaucoup moins étudiés mais qui ont été reliées au cancer.

Les effets des trihalométhanes sont étudiés et font l'objet de débats depuis 1974, date à laquelle on découvrit qu'ils étaient créés par mélange dans l'eau de chlore et de matières organiques. Vous avez peut-être entendu parler du plus courant des trihalométhanes – le trichlorométhane, plus connu sous le nom de chloroforme.

Pas moins de vingt-cinq études scientifiques conduites par des chercheurs dans le monde entier ont tenté de déterminer si les niveaux de trihalométhanes souvent constatés peuvent effectivement déclencher des cancers. Les études ont eu des résultats contradictoires sur un éventuel lien. Certains ont trouvé un lien fort; d'autres n'en ont découvert aucun.

Mais les découvertes les plus sérieuses proviennent de méta-analyses, c'est-à-dire de grandes études qui regroupent les résultats de plusieurs études précédentes plus modestes pour obtenir une grande puissance statistique. Depuis la fin des années 1980, trois méta-analyses de ce type ont mis au jour que la consommation d'eau chlorée sur plusieurs décennies peut augmenter le risque de cancer de la vessie, en particulier chez les hommes. La plupart ont découvert que le risque relatif du cancer de la vessie vaut entre 1,2 et 1,27, c'est-à-dire que les gens qui boivent de l'eau chlorée ont un risque plus élevé de 20 % à 27 % de développer cette maladie que ceux qui boivent de l'eau non chlorée. Et ce, après que d'autres facteurs de risque – comme l'âge, l'ethnie, la catégorie socioprofessionnelle – ont été pris en compte ou éliminés.

Si vous vous demandez pourquoi le cancer de la vessie, parmi tous les autres cancers, a le risque le plus élevé, demandez-vous dans quelle partie de votre corps les liquides que vous buvez passent le plus de temps.

Poutant, il ne faut pas perdre de vue que certains contestent ces découvertes. Certaines des études analysées ont été menées dans les années 1970, avant la diminution du taux de chlore dans l'eau aux États-Unis. Plusieurs agences de santé, y compris l'Organisation mondiale de la santé (OMS), ont également jeté un doute sur un lien potentiel en affirmant que les preuves étaient ténues et ont mis en avant que les risques dus aux trihalométhanes et aux dérivés chlorés sont minimes en comparaison des risques dus à la consommation d'eau non chlorée.

Il ne faut pas prendre ce dernier point à la légère. La littérature médicale abonde d'exemples récents de pays qui ont diminué leurs taux de chlore et qui ont immédiatement connu des vagues de maladies graves. Quand la javellisation de l'eau fut interrompue au Pérou, par exemple, une épidémie de choléra touchant trois cent mille personnes s'est déclarée.

Pour les autorités sanitaires, essayer de protéger l'approvisionnement en eau est un équilibre délicat entre l'élimination des germes responsables de maladies comme le choléra ou la giardiase et la minimisation des risques dus aux sous-produits de la désinfection (désignés par le sigle SPD).

La plupart des études qui se sont intéressées au lien entre les trihalométhanes et le cancer n'ont pas clairement identifié les taux qui font courir un risque à notre santé. Une méta-analyse de 2004 a établi que le risque augmentait pour une exposition fréquente et prolongée à une eau contenant plus de cinquante microgrammes de trihalométhanes par litre.

LES ÉDULCORANTS DE SYNTHÈSE SONT-ILS MAUVAIS POUR LA SANTÉ ?

Comme c'est doux... Je parle de l'aspartame.

L'aspartame, qui est un des substituts du sucre, est un phénomène de la nature : il est deux cent fois plus sucré que le saccharose. Quant à la saccharine, elle est – attention – deux cents à sept cents fois plus sucrée que le sucre ! Pourtant ces deux édulcorants ont peu (ou pas) d'effet sur le taux de sucre sanguin et n'apportent virtuellement aucune calorie.

J'ai toujours trouvé cela étonnant. Mais, ce qui est encore plus fascinant, c'est que, pendant des décennies, les édulcorants de synthèse ont été rendus responsables de tout, des cancers aux attaques cardiaques en passant par les maux de tête. En particulier l'aspartame (E951). Les craintes concernant l'aspartame sont nées le jour où il a été autorisé (en 1981 aux États-

Unis et en 1988 en France) et elles ont été régulièrement alimentées depuis par des études douteuses.

Ces attaques ont été surtout alimentées par des rapports circulant sur Internet. Le plus incroyable, c'est que, d'après la Mayo Clinic, une seule personne, une femme, est à l'origine de la rumeur selon laquelle l'aspartame est à l'origine de toutes les maladies que nous connaissons. Cette femme anonyme et prolifique a affirmé que la plupart des études n'étaient pas fiables car elles étaient financées par G.D. Searle, qui avait mis l'aspartame sur le marché en ayant connaissance de ses dangers, un peu comme Starbucks[1] n'a rien dit sur le fait que leurs cafés au lait rendent extrêmement dépendants.

Les théories de conspiration mises à part, beaucoup d'études complètes et indépendantes sur l'aspartame ont été menées et la plupart l'ont lavé de tout soupçon. Ses adeptes aiment faire remarquer que l'on trouve les composants de l'aspartame – la phénylalanine, l'acide aspartique et quelques traces de méthanol – en beaucoup plus grande quantité dans les produits laitiers, les viandes, les jus de fruit et que nous les métabolisons de la même façon.

Beaucoup affirment que l'aspartame est responsable d'une augmentation du nombre de tumeurs au cerveau aux États-Unis. Pourtant les études montrent que les tumeurs cérébrales augmentaient bien avant l'introduction de l'aspartame et, bien sûr, beaucoup d'autres inventions ont depuis été rendues responsables de cette augmentation, comme les téléphones portables. (Nous en reparlerons.)

Quelques études ont établi un lien entre l'aspartame et les lymphomes (un type de cancers), parmi lesquelles une étude italienne de 2005 qui a montré que des rats qui avaient consommé l'équivalent de quatre ou cinq canettes de soda allégé par jour développaient plus de cancers. Mais des études menées par le National Cancer Institute aux États-Unis se sont intéressées à des centaines de milliers d'humains et n'ont révélé aucune

1. Une chaîne de restauration très populaire aux États-Unis (NDT).

augmentation du risque, même chez les plus grands consommateurs d'aspartame.

Ce débat fait toujours rage. Mais un des effets secondaires le plus mystérieux souvent rapportés reste le mal de tête. Les gens qui souffrent de migraines évitent parfois de consommer de l'aspartame et d'autres édulcorants, ne serait-ce que par sécurité. C'est probablement une bonne idée. Bien que les preuves ne soient pas très solides, il y a certainement un fondement scientifique à leurs soucis. Une étude publiée dans le journal *Neurology* a suivi des personnes qui se plaignaient de maux de tête dus aux édulcorants de synthèse et a découvert que, les jours où ces personnes étaient exposés à des édulcorants – plutôt qu'à des placebos de goût similaire –, ils avaient un peu plus de maux de tête.

La science des édulcorants de synthèse a de beaux jours devant elle mais voici néanmoins quelques informations :

– Un substitut naturel du sucre mille fois plus sucré que le saccharose est bien connu au Gabon, d'où il provient. On l'appelle là-bas « j'oublie » (*Pentadiplandra brazzeana*) car il vous fait oublier jusqu'à votre nom.

– Le P-4000, également appelé Ultrasüss, est un des édulcorants les plus puissants que l'on connaisse. Il est quatre mille fois plus sucré que le saccharose et fut interdit par le gouvernement américain en 1950 et par le Luxembourg en 1970.

– Au moment où l'aspartame fut autorisé aux États-Unis en 1981, l'entreprise qui l'a développé, D.G. Searle, était dirigée par Donald Rumsfeld, ancien secrétaire général de la maison blanche et « poète existentiel ».

LES SODAS PEUVENT-ILS DONNER LE CANCER ?

Boire trop de soda peut comporter des risques – l'obésité et un risque accru de diabète sont en tête de liste. Mais des chercheurs en Inde ont lancé le débat il y a quelques années en suggérant que le cancer de l'œsophage, une maladie mortelle à laquelle on survit rarement, devait être ajouté à la liste.

Cette affirmation était surtout fondée sur deux observations : la forte acidité des sodas et une forte augmentation des cancers de l'œsophage aux États-Unis qui semblait coïncider avec l'augmentation de la consommation de sodas. Leur consommation annuelle est passée de quarante litres en 1946 à près de cent soixante litres en 2000. Pendant cette même période, le nombre de cancers de l'œsophage a plus que triplé.

De plus, non seulement les boissons gazeuses sont à l'origine d'un phénomène connu sous le nom de distension gastrique – qui irrite la partie inférieure de l'œsophage – mais elles ont également un lien avec les brûlures d'estomac, un facteur de risque connu du cancer de l'œsophage. Qui plus est, le soda est une cible très prisée. Comme pour la supposée dangérosité de l'aspartame, les rumeurs que d'autres additifs présents dans le soda, parmi lesquels le benzène, nous tuent à petit feu circulent sur Internet depuis des années. Pour certaines, le lien avec le cancer est évident.

Mais ce lien était en grande partie fondé sur des présomptions, qui ont laissé de nombreux scientifiques sceptiques, on le sait maintenant, à raison : des études approfondies se sont intéressé aux affirmations des chercheurs indiens et les ont démontées.

Une des études les plus importantes fut conduite par une équipe de l'université de Yale et publiée dans le *Journal of the National Cancer Institute*; elle s'intéressa au régime et à la consommation de sodas de près de deux mille personnes, dont la moitié avait un cancer de l'œsophage, dans quatre États différents. Cette étude ne révèlera pas que le soda contribuait d'une façon ou d'une autre au développement de la maladie, elle montra même le contraire. Les personnes qui buvaient le plus de soda avaient en fait moins de risques d'avoir un cancer de l'œsophage – et ceux qui buvaient des sodas sans sucre avaient le plus faible risque, un risque deux fois inférieur à celui de ceux qui n'en buvaient pas.

Pourtant, si vous êtes de ceux qui comptent leurs calories et boivent des sodas allégés comme de l'eau, ne vous emballez pas. Il y a peu de chances que le soda ait des effets protecteurs contre le cancer, mais les personnes qui préfèrent les boissons sans sucre font en général plus attention à leur santé que les autres. Si vous faites de l'exercice, mangez bien, ne fumez pas et prenez bien soin de votre corps – des pratiques qui font baisser le risque de cancer –, alors, statistiquement, il y a des chances pour que vous buviez des sodas allégés.

LES DÉODORANTS ANTITRANSPIRANTS CAUSENT-ILS LA MALADIE D'ALZHEIMER ?

Cette crainte est née il y a une vingtaine d'années, quand des scientifiques remarquèrent que le cerveau des personnes atteintes par la maladie d'Alzheimer contenait beaucoup d'aluminium, ce qui poussa certaines personnes à jeter leurs casseroles et leurs poêles, à suspecter le papier aluminium et à fuir les déodorants, les antiacides et d'autres produits contenant de l'aluminium, un neurotoxique reconnu. Comme dans l'intrigue d'un film de science-fiction des années 1950, l'idée était que l'aluminium présent dans les déodorants antitranspirants pénétrait par les aisselles, envahissait le réseau sanguin avant de monter au cerveau, qu'il transformait en bouillie.

Mais, dans le monde réel, il n'y a pas de raison d'en avoir des sueurs froides. Les scientifiques ont largement discrédité cette thèse.

Ce qui semble aujourd'hui démontré, c'est que le fort taux d'aluminium dans le cerveau des personnes touchées par la maladie d'Alzheimer résulte de la maladie elle-même et n'en est pas une cause. Les cellules nerveuses affaiblies ou mourantes perdent leur capacité d'élimination des toxines, si bien qu'elles peuvent contenir beaucoup d'aluminium et celui-ci est tellement répandu (c'est le troisième élément le plus courant sur Terre) que chacun y est exposé.

Comme l'aluminium est présent dans la poussière de laboratoire et dans les colorants que les scientifiques utilisent pour préparer les tissus cérébraux aux examens, il est également probable qu'une partie de l'aluminium découvert dans le cerveau des personnes souffrant de la maladie d'Alzheimer soit tout simplement une contamination due à l'examen. Quand un groupe de chercheurs britanniques testa cette hypothèse au début des années 1990 en utilisant la microscopie nucléaire – une méthode qui consiste à bombarder les tissus avec des protons au lieu de les colorer –, ils ne trouvèrent aucune trace d'aluminium dans les cent cinq échantillons prélevés sur des patients malades.

Des études épidémiologiques rigoureuses ont également infirmé cette théorie. L'une d'entre elles, publiée en 2002, a suivi près de cinq mille personnes pendant plusieurs années et n'a décelé aucune augmentation du risque de développer la maladie d'Alzheimer chez les personnes qui utilisaient régulièrement des déodorants antitranspirants ou des antiacides.

Avec autant de preuves, on peut se demander si l'aluminium peut pénétrer dans le corps par les aisselles. La réponse est oui – mais en quantités infinitésimales. En général, une personne n'absorbe pas plus de quatre microgrammes lorsqu'elle utilise du déodorant antitranspirant sous les deux bras.

Combien un microgramme représente-t-il ? Si on découpait une punaise en un million de pièces, chacune de ces pièces pèserait environ un microgramme. Voici une autre façon de voir les choses : quatre microgrammes représentent environ 2,5 % de l'aluminium que nos intestins absorbent à partir des aliments que nous mangeons entre le moment où nous mettons du déodorant et le moment où nous le lavons. En d'autres termes, même si l'aluminium vous inquiète, le déodorant est la dernière chose dont vous devez vous soucier.

Si vous êtes comme la majorité des gens, vous avez sans doute remarqué que les déodorants classiques ne vous empêchent pas de transpirer – ils masquent juste vos odeurs corporelles pendant quelque temps. Ce qui rend les déodorants antitranspirants plus efficaces, ce sont les composés à base d'aluminium : ils empêchent la sueur de sortir de vos pores.

LES DÉODORANTS ANTITRANSPIRANTS CAUSENT-ILS LE CANCER ?

Si vous pensiez que la mauvaise réputation des déodorants antitranspirants s'arrêtait à leur lien avec la maladie d'Alzheimer, vous aviez oublié le cancer du sein. Une fois encore, Internet répand la peur et la panique en colportant cette rumeur de boîte aux lettres en boîte aux lettres. Ce sont juste des spams, il n'y a pas de raison de s'inquiéter, n'est-ce pas ?

Malheureusement, cette rumeur est un peu fondée.

La crainte générale est que les déodorants antitranspirants contiennent des produits chimiques toxiques qui rentrent naturellement dans la peau, même en quantités microscopiques, soit par les petites coupures dues au rasage des aisselles. Les produits chimiques les plus suspects sont appelés parabènes, des conservateurs utilisés non seulement dans les déodorants classiques et antitranspirants mais également dans de nombreux aliments et produits pharmaceutiques.

Comme il a été démontré que les parabènes ont une activité similaire aux œstrogènes et que les œstrogènes sont connus pour provoquer des cancers du sein, beaucoup de scientifiques sont convaincus qu'une exposition à ces composés fait augmenter la probabilité qu'une personne développe un cancer du sein. Une étude de tissus mammaires cancéreux menée en 2004 a jeté de l'huile sur le feu en montrant que, dans un groupe, la plupart des échantillons prélevés sur des tumeurs mammaires humaines contenaient des parabènes. Une seconde étude menée un an plus tard ajouta encore du crédit à cette théorie quand elle s'intéressa à des centaines de personnes qui avaient guéri d'un cancer du sein et montra que celles qui s'étaient rasées et avaient utilisé des déodorants antitranspirants avaient eu des tumeurs plus jeunes.

Cela semble plutôt inquiétant. Mais, avant de jeter votre rasoir et votre déodorant, il est important de vous intéresser aux défauts d'une telle étude.

L'étude sur les parabènes, par exemple, n'a pas étudié de tissus sains ou de tissus provenant d'autres parties du corps pour confirmer que ce produit n'était présent que dans les tumeurs mammaires. Elle n'a pas non plus permis d'identifier la source exacte des parabènes ni si les femmes en question utilisaient régulièrement des déodorants. Une importante étude publiée dans le *Journal of the National Cancer Institute* s'est intéressé à quinze femmes et n'a décelé aucune relation entre l'utilisation des déodorants et le cancer du sein. Et que les femmes qui ont avoué se raser régulièrement sous les bras et utiliser des déodorants (classiques ou antitranspirants) moins d'une heure après le rasage ne couraient pas plus de risque.

La reproductibilité est la pierre angulaire de la science. Il est encore trop tôt pour dire si l'affirmation est infondée mais, avec une étude importante ayant décelé un lien et une autre, encore plus importante, n'en ayant trouvé aucun, il semble-rait que la théorie soit mal en point. Jusqu'ici, l'American Cancer Society et le National Cancer Institue aux États-Unis ont affirmé que les preuves étaient trop minces pour prouver un lien de cause à effet.

LA LUMIÈRE ARTIFICIELLE EST-ELLE MAUVAISE POUR LA SANTÉ ?

On sait depuis longtemps que les personnes qui travaillent la nuit souffrent de troubles du sommeil, parmi lesquels l'insom-nie et des difficultés à rester éveillé(e). Mais, quand, il y a plu-sieurs années, les épidémiologistes comparèrent des personnes travaillant de nuit avec des personnes travaillant de jour, ils découvrirent quelque chose auquel ils ne s'attendaient pas : les femmes qui travaillaient la nuit avaient un taux élevé de cancer du sein.

Comment l'expliquer ? En quoi le fait de travailler la nuit occasionnerait-il une augmentation des cancers ?

Diverses explications ont été proposées parmi lesquelles les facteurs socio-économiques et les contraintes dues au travail de nuit. Mais, lorsque les scientifiques creusèrent un peu, ils réalisèrent que les découvertes révélaient certainement les dangers d'une exposition constante à la lumière artificielle, qui perturbe les rythmes circadiens et dérègle les taux hormo-naux. Ils constatèrent que les travailleurs de nuit avaient des taux de mélatonine faibles (une hormone que nous produi-sons la nuit et dont on a montré qu'elle empêchait les tumeurs de croître). Puis une étude menée en 2004 par des chercheurs du Brigham and Women Hospital à Boston et de la Harvard Medical School aux États-Unis a montré que les femmes qui travaillaient régulièrement la nuit avaient des taux d'œstrogè-nes plus élevés que les autres; or les œstrogènes peuvent être à l'origine des cancers du sein.

Le même groupe de chercheurs mena également une des études épidémiologiques les plus importantes reliant le travail de nuit aux cancers du sein. Cette étude, publiée dans le *Journal of the National Cancer Institute*, suivit plus de soixante-dix-huit mille infirmières pendant une dizaine d'années et révéla que celles qui travaillaient le plus la nuit couraient un risque de développer un cancer du sein moitié plus important que les autres.

Le problème avec le travail de nuit n'est pas le travail lui-même mais le fait qu'il force les travailleurs à passer beaucoup de temps à l'intérieur de bâtiments, ce qui perturbe leur horloge interne. Jusqu'au XXe siècle, presque tout le monde travaillait dehors, passait la journée dehors et certains dormaient même dehors la nuit. Le rythme jour-nuit n'était pas perturbé. Mais maintenant que nous disposons de bâtiments éclairés par de l'électricité, il est facile de diminuer l'amplitude de ces cycles et beaucoup de gens – en particulier les travailleurs de nuit – finissent par souffrir d'une sorte de décalage horaire architectural.

Au début du XIXe siècle, environ une femme sur trente contractait un cancer du sein. Ce taux est aujourd'hui d'une femme sur huit et il continue à augmenter à un rythme de 8 % par an dans les sociétés industrialisées alors que le taux reste stable dans les sociétés agraires.

Le changement de notre régime alimentaire et d'autres facteurs expliquent certainement en partie cette augmentation mais ne peuvent pas l'expliquer en totalité. Pour en savoir plus, j'ai interrogé le Dr Mark Rea, directeur du Lighting Research Center (Centre de recherche sur l'éclairage) au Rensselaer Polytechnic Institute de New York, qui étudie depuis des années le lien entre l'éclairage artificiel et les maladies. Bien que modeste et abordable, Rea est un biophysicien à la pointe dans son domaine. Il m'a confié que les preuves étaient fortes mais pas définitives et de plus en plus concluantes. « Il est clair que tous les signes pointent dans la même direction. »

LES DÉSODORISANTS SONT-ILS MAUVAIS POUR LES POUMONS ?

Nous sommes d'accord que rien n'apporte autant d'allégresse et de sentiment d'évasion qu'une petite vaporisation de désodorisant artificiel senteur brise-marine-pain-des-landes-lavande-vanille-savon-de-marseille.

Pendant longtemps, on a soupçonné un ingrédient courant dans les désodorisants d'être la cause de problèmes pulmonaires à court terme. C'est tout à fait vrai. Mais la bonne nouvelle, c'est que le composé chimique en question a été à peu près abandonné par les principaux fabricants de désodorisants.

Les composés chimiques qui nous posent problème sont connus sous le nom de composés organiques volatils ; celui utilisé dans les désodorisants qui nous intéresse en particulier est le paradichlorobenzène (ou PDCB). On en trouve également dans la fumée de cigarette et les boules antimites.

Une étude menée par une équipe des National Institutes of Health[1] américains a suivi neuf cent cinquante-trois adultes pendant six ans et découvert que ceux qui avaient une forte concentration de PDCB dans le sang avaient des problèmes respiratoires. Les 10 % de personnes ayant la concentration la plus élevée obtinrent des scores de 4 % inférieurs aux 10 % de personnes qui avaient la concentration la plus faible.

Une baisse de 4 % peut ne pas paraître énorme mais même une petite baisse de la fonction respiratoire peut indiquer des dommages au niveau des poumons. Le risque de souffrir d'asthme augmente avec l'exposition au PDCB.

Selon certains scientifiques, il peut être bénéfique de diminuer son exposition aux désodorisants d'intérieur. Mais la Consumer Specialty Products Association, un lobby, insiste

---

1. L'équivalent de l'INSERM (Institut national de la santé et de la recherche médicale) en France (NDT).

sur le fait que le paradichlorobenzène n'est plus très utilisé depuis des années. On en trouve encore dans les blocs nettoyants pour WC, les boules antimites et les désodorisants intérieurs en bloc. On en trouve également dans les désodorisants bon marché comme ceux que l'on achète dans la rue.

À ne pas oublier : quand un produit contient du paradichlorobenzène, cela doit être indiqué sur l'étiquette.

LES TEINTURES POUR CHEVEUX DONNENT-ELLES LE CANCER ?

Vous ne fumez pas, vous évitez les pesticides, vous faites des efforts pour bien manger et vous éviter les produits chimiques. Mais vous utilisez des teintures pour couvrir vos quelques cheveux blancs ou changer de couleur.

Avec toutes les informations effrayantes qui circulent à propos des produits chimiques très cancérigènes dans les teintures, mieux vaudrait peut-être ne pas prendre un tel risque. Mais, en réalité, les teintures pour cheveux – bien qu'elles ne soient pas complètement sans risque – ne sont pas aussi dangereuses que la plupart des gens ont bien voulu le croire.

Cela fait plusieurs décennies que les teintures sont en vogue et cela fait à peu près autant de temps que l'on entend dire qu'elles sont toxiques. Les premières inquiétudes remontent à 1975, quand une étude suggéra qu'un produit chimique présent dans près de 90 % des colorations permanentes pouvait entraîner des dommages génétiques. Face à ces critiques et à d'énormes pressions, les fabricants supprimèrent ce composé chimique, un dérivé de goudron de houille. Mais, assez rapidement, les scientifiques identifièrent d'autres ingrédients dans la composition des colorants qui semblaient également être cancérigènes.

L'industrie cosmétique insiste sur le fait que leurs formules ont été plusieurs fois remaniées et que les colorations pour cheveux sont sans danger – mais ce n'est pas complètement vrai.

Plusieurs petites études menées au fil des années ont détecté une plus forte probabilité de cancer du sein, de la vessie et d'autres cancers chez les personnes qui se teignent régulièrement les cheveux. L'étude la plus importante fut publiée en 2005 dans le *Journal of the American Medical Association*. Elle a analysé soixante-dix-neuf études précédentes sur le sujet et a montré que, même si les teintures pour cheveux n'ont pas d'effet sur le risque de cancer du sein ou de la vessie, il existait un « léger effet » concernant le risque de lymphome. Comparées aux personnes qui ne s'étaient jamais teintes les cheveux, celles qui les coloraient avaient un risque accru de 19 % de développer un lymphome et cette augmentation était de 40 % pour les personnes qui s'étaient teintes les cheveux avant 1980. Cette association, bien qu'elle démontre clairement un lien, est également considérée comme faible – si faible que, selon la plupart des experts de la santé et les autorités sanitaires, cela ne constitue pas un problème de santé publique.

Le changement progressif de la composition des colorations explique en partie la variété des découvertes. Dans tous les cas, vous pouvez tenter de minimiser leurs risques potentiels. Les colorations sombres et permanentes sont plus fortes et concentrées que les autres couleurs, mieux vaut donc y réduire son exposition. Il peut également être bon de porter des gants quand vous appliquez le produit et de ne pas l'appliquer jusqu'aux racines pour éviter que le produit ne rentre en contact avec votre cuir chevelu. Les racines de vos cheveux seront peut-être visibles mais vous serez plus tranquille.

LE FAIT DE CHAUFFER DES RÉCIPIENTS EN PLASTIQUE OU DE LES METTRE AU CONGÉLATEUR VOUS EXPOSE-T-IL À DES PRODUITS CHIMIQUES DANGEREUX ?

Les bouteilles d'eau. Les Tupperware®. Les sacs congélation. Les boîtes de hamburger. Les pailles. Les films plastiques.

Si l'on prend le temps de les recenser, la liste des objets en plastique que nous mettons en contact avec notre nourriture est impressionnante. Imaginons que les composants chimiques de ces produits puissent filtrer dans les aliments et nous empoisonner. Nous courrions tous un risque.

Il n'est donc peut-être pas étonnant que de nombreuses personnes aient paniqué quand un courrier électronique se propagea via Internet, qui avertissait que faire chauffer le plastique dans un four à micro-ondes – le film plastique et les Tupperware en particulier – pouvait entraîner une contamination de la nourriture par des composés chimiques hautement toxiques et cancérigènes. Un autre courrier électronique qui circula peu après affirmait que faire geler ou réutiliser des bouteilles d'eau trop fréquemment pouvait également libérer les mêmes composés chimiques, les dioxines.

Selon un de ces courriels, « la combinaison des graisses, de la haute température et du plastique libère des dioxines dans les aliments qui finissent dans les cellules de votre corps. Du film plastique placé sur les aliments lorsqu'ils passent au micro-ondes dégouline de toxines toxiques à cause de la chaleur ».

Vous vous rappelez peut-être que les dioxines sont les produits chimiques utilisés pour empoisonner le président ukrainien Viktor Yuschenko en 2004. Il tomba gravement malade et faillit mourir. Il subit également des lésions de la peau très importantes appelées chloracné.

Les dioxines font partie des produits chimiques les plus dangereux que produit l'homme. Libérés dans l'atmosphère, ces sous-produits de procédés industriels sont omniprésents, à tel point qu'ils s'accumulent à faible dose dans le corps de la plupart des êtres vivants. La plus grande partie de la contamination se fait par la nourriture, bien que de petites quantités puissent être absorbées si l'air est pollué.

Les films et récipients en plastique peuvent effectivement nous exposer à certains composés chimiques. Mais les dioxines n'en font pas partie. Si c'était le cas, elles *pourraient* être libérées par la chaleur dans un four à micro-ondes et finir sur nos aliments mais pas par une bouteille plastique conservée à température ambiante ou par un récipient gelé car il faut de la chaleur pour que la réaction chimique se produise. Dans tous les cas, les fabricants ne les utilisent pas en raison du danger.

S'il y a une chose dont il faut se préoccuper, c'est d'un groupe de composés chimiques appelés phtalates ou plastifiants – les substances qui donnent leur flexibilité au plastique. Bien que les plastifiants puissent migrer du plastique aux aliments en petite quantité, ils sont loin d'être aussi toxiques ou mortels que les dioxines. Des études ont établi un lien entre l'exposition à des plastifiants et de forts niveaux d'asthme, des problèmes hormonaux et d'autres maladies. Certains scientifiques pensent également qu'une exposition aux plastifiants peut augmenter le risque de développer un cancer du sein car ils peuvent imiter le rôle des œstrogènes, dont on sait qu'ils alimentent les tumeurs mammaires. Mais le lien entre les plastifiants et le cancer, s'il existe, n'a pas été scientifiquement prouvé et fait l'objet d'un vaste débat.

En termes pratiques, on ne sait pas exactement si la quantité de plastifiants qui peut migrer sur les aliments est importante et s'ils représentent donc un danger important. Mais, comme le Dr Rolf Haden, un expert du Centre for Water and Health (Centre de l'Eau et de la Santé) à l'université John Hopkins, l'a exprimé : « Pourquoi s'exposer à des produits chimiques que l'on peut facilement éviter ? »

Voici quelques conseils que vous pouvez suivre pour minimiser votre exposition :

- N'utilisez que du film plastique dont l'emballage précise qu'il est adapté au four à micro-ondes et ne le laissez jamais entrer en contact avec la nourriture au moment de la cuisson.
- Assurez-vous que le film que vous placez au-dessus n'est pas tendu (et assurez-vous de laisser une petite ouverture) pour que la vapeur d'eau puisse s'échapper. Vous ne voulez pas que les gouttes d'eau qui se forment sur la surface inférieure du film retombent sur vos aliments car elles pourraient contenir des produits chimiques provenant du film.
- Ne chauffez jamais un récipient en plastique dont l'étiquette n'indique pas qu'il a été conçu pour passer au four à micro-ondes (cela indique qu'il résiste bien à la chaleur). Les récipients qui ne sont pas *spécifiquement* conçus pour passer au four à micro-ondes peuvent fondre ou se déformer, ce qui augmente la probabilité que vous soyez exposé(e) aux plastifiants et le risque de les renverser ou de vous brûler.
- Les boîtes de beurre ou de hamburger et les autres emballages similaires ne sont pas conçus pour supporter les hautes températures, ne les passez donc jamais au four à micro-ondes !
- N'utilisez pas les récipients dans lesquels sont emballés les repas à réchauffer au four à micro-ondes plus d'une fois. Ils sont à usage unique.
- Mieux vaut cuisiner dans votre four à micro-ondes avec des récipients composés de matériaux inertes, comme les céramiques ou les verres résistants à la chaleur. Vous pouvez utiliser des sacs de cuisson, du papier de cuisson et des serviettes en papier blanc adaptés à ce type de four.

6. Les germes, encore les germes, toujours les germes...

Nous vivons dans un monde dangereux, deuxième partie

Il y a une catégorie d'êtres humains bien connue mais quelque peu étrange. Celles et ceux qui appartiennent à cette catégorie sont obsédés par la propreté et évitent à tout prix la saleté ; nous en connaissons tous.

Ce sont des personnes qui utilisent leurs coudes pour ouvrir le robinet, leurs pieds pour tirer la chasse d'eau et leurs avant-bras pour ouvrir les portes. Ils utilisent du savon anti-bactérien dix fois par jour et ne serrent pas la main de n'importe qui. Ils lavent les draps qui sont dans leurs placards non pas une fois mais deux avant de les utiliser, même quand ils sont tout neufs.

Et cela ne leur viendrait jamais – JAMAIS – à l'esprit de manger quelque chose qui serait tombé par terre, ne serait-ce que quelques secondes.

Ce sont, bien sûr, les spermatophobes. Et, si leurs manies ne vous paraissent pas bizarres, c'est que vous devez en faire partie.

Mais il n'y a rien de mal à cela (d'accord, juste un petit peu). Nous sommes tous légèrement spermatophobes. Si nos corps sont des temples, comme on l'entend parfois, alors les germes sont les ennemis qui nous assiègent.

Certains d'entre nous sont plus énergiques que d'autres quand il s'agit de se défendre. Mais, à en juger par nos habitudes quotidiennes, les germes font partie des préoccupations de la plupart d'entre nous. C'est la raison pour laquelle les savons antibactériens, dont sept cent différents sont vendus aux États-Unis, y totalisent un chiffre d'affaires annuel de quatre cents millions de dollars. Nous utilisons tellement de produits antibactériens que nos égouts regorgent de bactéries; il est alors inévitable que nous ayons un jour à coexister avec des super-microbes virulents et résistants aux traitements.

Et ce n'est qu'un début. On trouve aujourd'hui aux États-Unis des purificateurs d'air qui s'accrochent autour du cou, des appareils qui vaporisent un désinfectant sur les poignées de portes toutes les vingt minutes et – mon préféré – des petits drapeaux jaunes « Excusez-moi » à attacher à sa taille pour maintenir les étrangers à bonne distance. Les humains sont peut-être des créatures sociales qui recherchent l'intimité mais, à l'origine de cette phobie des germes, il y a une certaine peur de l'autre. Qui sait d'où votre voisin de bus revient ? Mieux vaut ne pas prendre de risques et trouver une place isolée de l'autre côté de l'allée.

Il est choquant de penser que, au milieu du XIXe siècle, Louis Pasteur fut tourné en ridicule quand il proposa sa théorie selon laquelle les maladies sont dues aux germes. À l'époque, on pensait que les maladies étaient la manifestation de la colère de Dieu. De petits envahisseurs microscopiques qui sautaient d'une personne à une autre ? Se laver les mains et stériliser les instruments médicaux ? C'était n'importe quoi; jamais de la vie.

Un siècle et demi plus tard, il est remarquable de voir jusqu'où nous sommes allés – ou peut-être jusqu'où nous avons régressé. Il est ironique de penser que, parfois, les germes que nous faisons tant d'effort pour éradiquer peuvent nous faire du bien. Une théorie récente suggère que les allergies et les maladies chroniques sont dues au fait que l'on évite tellement les germes que notre système immunitaire n'est pas assez sollicité, ce qui l'empêche de se développer correctement. Des études ont par exemple montré que les enfants qui vont à la crèche ont beaucoup moins de risques d'avoir de l'asthme que les enfants qui n'y vont pas précisément parce que le contact avec les autres enfants les expose à plus de germes plus tôt, ce qui renforce leur système immunitaire.

Dans ce chapitre, nous nous intéresserons à quelques théories modernes sur les germes et séparerons les mythes de la réalité pour satisfaire le spermatophobe que nous portons tous en nous.

MARCHER SUR UN OBJET ROUILLÉ DONNE-T-IL LE TÉTANOS ?

Pas la peine d'être un expert en premiers secours pour comprendre que s'écorcher avec un clou rouillé n'est pas une très bonne idée. Même un enfant de dix ans vous dira que vous risquez d'attraper le tétanos. Mais peu de gens réalisent que la bactérie qui donne le tétanos est très répandue et que le tétanos a moins à voir avec la rouille qu'avec la nature de la blessure.

La bactérie *Clostridium tetani* et toute sa famille sont présentes dans la terre, la poussière, les excréments et sur notre peau. Elle ne se reproduit qu'en l'absence d'oxygène; si une plaie est suffisamment profonde, elle peut donc offrir un terrain favorable à sa reproduction.

Un clou rouillé peut faire l'affaire. Mais l'infection peut avoir plusieurs origines – une aiguille de couture, une aiguille de tatouage, une morsure d'animal, des outils de jardin et même des échardes. Les blessures qui touchent la peau, comme les brûlures et les engelures, peuvent aussi favoriser l'infection.

Les symptômes peuvent être graves. Une fois la bactérie entrée sous la peau, elle produit des toxines qui attaquent le système nerveux central, ce qui entraîne des spasmes, une rigidité musculaire – une *tétanie* – de l'ensemble du corps, en particulier au niveau du visage. Les spasmes musculaires donnent au corps des positions étranges et peu naturelles. D'où le nom de « tétanos », qui provient du grec *tetanos*, qui signifie « étirer ». On estime qu'un quart des cinquante à cent Américains qui contractent la maladie chaque année en meurent.

Les enfants sont vaccinés contre le tétanos mais le vaccin n'est efficace que dix ans et beaucoup de gens oublient d'en faire le rappel. Si vous êtes régulièrement en contact avec de la terre, des animaux ou des objets pointus – ce qui est assez courant pour beaucoup d'entre nous –, assurez-vous d'être à jour de votre vaccin.

Sinon, ne vous approchez ni des cuisines ni des jardins.

LES LUNETTES DES TOILETTES SONT-ELLES PLEINES DE GERMES ?

Il est difficile de trouver une croyance populaire qui aurait inspiré autant de peur et de dégoût que l'idée que les toilettes publiques sont des nids à maladies. La plupart des gens refusent de toucher des toilettes publiques, de s'asseoir dessus ou même de s'en approcher, pour une bonne raison : « On ne sait jamais ce qu'on pourrait attraper. »

Qu'est-ce que les études ont à nous dire à ce sujet ?

Heureusement – ou, en y réfléchissant, pas si heureusement –, beaucoup. Tout d'abord, la probabilité d'attraper une maladie sur le siège des toilettes est extrêmement faible. Pour attraper quelque chose, il faut que la peau de la partie du corps en contact avec la zone soit coupée afin que l'agent pathogène puisse entrer; une peau intacte est une barrière étonnamment résistante aux bactéries. De plus, une maladie sexuellement transmissible a peu de chance de finir sur le siège des toilettes car le sexe d'une personne a peu de chances de rentrer en contact avec la lunette. Cela peut arriver mais imaginez la probabilité.

Il y a pourtant une mauvaise nouvelle. On peut tout à fait tomber malade en s'asseyant sur une lunette sale. La maladie que vous avez le plus de chances d'attraper, ce sont des morpions et tout ce qui se transmet par contact direct de la peau. La littérature médicale fourmille de rapports sur des patients ayant attrapé une gonorrhée et des infections de la peau comme des vers. Une étude publiée dans le *New England Journal of Medicine*, par exemple, a découvert que la bactérie à l'origine de la gonorrhée peut survivre pendant plus de deux heures sur des toilettes.

Les virus à l'origine des maladies sexuellement transmissibles, par contre, se comportent un peu différemment. La plupart ne peuvent pas survivre à l'air libre, en particulier dans l'environnement froid et rude d'une lunette de toilettes. Deux exceptions notables : l'hépatite B, qui peut survivre une semaine, et le virus de l'herpès, qui peut tenir quelques heures.

Mais il y a un danger plus important que les toilettes. Les vrais coupables sont les robinets, les chasses d'eau et les poignées de porte. (La faute à tous ceux qui ne sont pas lavés les mains avant de sortir.) Il est donc d'autant plus important de vous laver les mains. Puis de les relaver. Et de les laver encore. Et encore.

Quelques informations intéressantes : les études montrent que les toilettes des femmes contiennent deux fois plus de germes que celles des hommes, en raison du trafic plus important et de la présence de tables à langer. Mais les bureaux sont beaucoup plus contaminés que les toilettes. Une étude a montré qu'il y a en moyenne quatre cents fois plus de germes sur un bureau que sur un siège de toilettes car les bureaux ne sont jamais désinfectés. Pensez-y la prochaine fois que vous mangez sur votre bureau.

LES SAVONS ANTIBACTÉRIENS SONT-ILS VRAIMENT PLUS EFFICACES QUE LES SAVONS CLASSIQUES ?

Qu'est-il arrivé à notre bon vieux savon ?

Il est en passe de devenir une relique. Les études montrent que plus de 70 % des savons liquides vendus aux États-Unis aujourd'hui sont étiquetés « antibactérien » et il semble que nous soyons prêts à payer le prix fort. Selon l'endroit où l'on vit, les savons antibactériens coûtent plus cher que les médicaments contre le rhume qu'il faudrait l'acheter si l'on n'achetait pas le savon et qu'on tombait malade.

Mais les consommateurs n'ont pas toujours ce qu'ils pensent avoir. Année après année, les chercheurs découvrent que les savons antibactériens ne sont pas meilleurs que le savon classique. Cela a été confirmé par au moins cinq études.

L'une d'elles, publiée dans le *Journal of Community Health* en 2003, a suivi des adultes de deux cent trente-huit foyers de la ville de New York, dont la saleté est légendaire, pendant près d'une année. Pendant les mois qu'a duré l'étude, les chercheurs ont trouvé le même nombre de microbes sur les mains de celles et ceux qui utilisaient des savons antibactériens que sur les mains de celles et ceux qui utilisaient des savons classiques.

D'autres études ont découvert qu'utiliser du savon anti-bactérien – et même certains gels pour se nettoyer les mains – ne réduit pas plus la probabilité d'attraper un rhume ou d'autres maladies infectieuses qu'un savon classique.

Une grande partie de l'explication est simple mais souvent négligée : les infections les plus communes sont dues à des virus et pas à des bactéries.

La question qui se pose maintenant à nous est la suivante : les savons antibactériens font-ils plus de mal que de bien ? Beaucoup de scientifiques pensent que les savons créent des souches virulentes de bactéries qui résistent aux antibiotiques. Et puis il y a la crainte que le fait d'utiliser trop de produits antibactériens nous empêche de rentrer suffisamment en contact avec des bactéries courantes, ce qui empêche notre système immunitaire de se renforcer, la conséquence finale étant d'augmenter la probabilité de tomber malade.

Les compagnies qui produisent les savons antibactériens insistent sur l'absence de preuves tangibles faisant le lien entre leur produit et l'émergence de bactéries résistantes et elles affirment que leurs savons n'ont qu'un impact limité sur l'environnement. Mais l'US Food and Drug Administration[1] exprime également son inquiétude au sujet de ces produits. Depuis quelques années, elle envisage d'imposer des restrictions à leur utilisation et à leur publicité.

Quelques informations qui font réfléchir : selon certaines études, se laver les mains avec du savon et de l'eau réduit le risque de diarrhée de 45 % et fait baisser le risque de contracter d'autres infections intestinales graves de 50 %. Comparée aux autres parties de nos mains, la zone sous les ongles abrite le plus de germes et est la plus difficile à nettoyer. Les ongles artificiels hébergent plus de micro-organismes que les ongles naturels. Et plus les ongles sont longs, plus ils attirent de germes.

C'est peut-être le moment de sortir votre coupe-ongles.

1. L'équivalent de la DDASS en France (NDT).

LES BROSSES À DENTS RÉPANDENT-ELLES LES MALADIES ?

Parmi tout ce que nous avons dans notre salle de bain – les médicaments, les rasoirs, les cotons-tiges et, il semblerait, du savon antibactérien –, les brosses à dents semblent les plus inoffensives.

La plupart des dentistes ne seraient pas d'accord – car les brosses à dents sont de parfaits nids à microbes.

Peu de gens en ont conscience mais les bactéries prospèrent sur nos brosses à dents, qui leurs fournissent eau et nourriture en abondance. Et n'oublions pas que les brosses à dents se trouvent dans une des pièces de notre maison qui contiennent le plus de bactéries : la salle de bain.

Les chercheurs ont découvert que le streptocoque, le staphylocoque, le virus de la grippe, celui de l'herpès, entre autres agents pathogènes, peuvent survivre sur une brosse à dents. Les dentistes conseillent de changer de brosse à dents tous les trois à quatre mois. Mais les microbes peuvent en faire leur repère en beaucoup moins de temps.

Les bactéries et les virus sur une brosse à dents peuvent facilement migrer sur une brosse voisine et des scientifiques ont montré que partager sa brosse à dents avec quelqu'un d'autre en a déjà rendu plus d'un malade. Tout ce dont les germes ont besoin pour sauter sur votre brosse à dents et la coloniser, c'est qu'elle soit à côté d'une autre brosse.

D'où viennent donc tous les germes présents dans la salle de bain ? Votre brosse à dents peut être contaminée de plusieurs façons. Une étude publiée dans le journal *Applied Microbiologie* a montré que des gouttelettes d'eau microscopiques chargées de bactéries sont projetées dans les airs quand on tire la chasse et « peuvent rester en suspension suffisamment longtemps pour atterrir sur toutes les surfaces de la salle de bain ».

Ce n'est pas très plaisant à imaginer mais c'est bon à savoir.

115

Le meilleur conseil d'hygiène buccale de la journée : oubliez votre meuble de salle de bain et la salle de bain elle-même. Les bactéries préfèrent les endroits chauds, sombres et humides – comme les meubles. C'est la raison pour laquelle le Dr Tom Glass, professeur de médecine légale et de médecine dentaire à l'Oklahoma State University, qui a étudié les brosses à dents et la transmission des maladies, recommande de poser sa brosse à dents à l'air libre près d'une fenêtre. Mettez-la debout et pas horizontalement.

Et, malgré une croyance populaire selon laquelle les brosses à dents électriques sont meilleures pour l'hygiène dentaire, elles attirent plus de germes et peuvent blesser les gencives. Mieux vaut utiliser une brosse manuelle avec une tête claire et de petite taille. On ne sait pas exactement pourquoi mais les têtes transparentes ou claires semblent abriter moins de germes. Cela est peut-être lié au fait qu'une tête claire permet à la lumière, qui tue les germes, de traverser.

Essayez de remplacer votre brosse à dents tous les quelques mois. De plus, il y a une autre raison pour laquelle il ne faut pas utiliser une brosse à dents pendant trop longtemps : les personnes en train de guérir d'une maladie peuvent facilement se réinfecter en réutilisant la même brosse à dents.

LE VACCIN CONTRE LA GRIPPE ☆ PEUT-IL DONNER LA GRIPPE ?

Ce serait une blague bien cruelle si le vaccin de la grippe lui-même, censé nous protéger de la grippe, faisait exactement l'inverse. Heureusement, ce ne sera jamais le cas.

On sait bien que de nombreuses personnes refusent la vaccination annuelle – y compris celles qui en ont le plus besoin, comme les seniors et les personnes affaiblies – car elles craignent que le virus utilisé pour mettre le vaccin au point puisse leur donner la grippe.

Ces peurs proviennent en partie d'une coïncidence : comme les vaccinations contre la grippe se font en fin d'année, certaines personnes qui se font vacciner couvent parfois déjà un rhume ou une des autres maladies respiratoires, qui circulent en hiver. Et puis il y a les quelques malchanceux qui se font vacciner mais attrapent la grippe juste avant que leur système immunitaire entre en action. Tout cela peut faire croire que le vaccin est responsable d'une mauvaise grippe alors qu'il n'y est pour rien.

Les deux principaux vaccins contre la grippe utilisent des virus morts qui ne sont pas infectieux et ne peuvent donc pas vous rendre malade. Une nouvelle version du vaccin a vu le jour en 2003, sous forme de spray nasal contenant des virus vivants mais affaiblis. Ce vaccin n'est donc pas recommandé aux seniors, aux personnes souffrant d'une maladie chronique et à ceux dont l'immunité est affaiblie. Les personnes qui l'utilisent peuvent émettre le virus vivant affaibli mais on n'a pas montré que cela pouvait rendre d'autres personnes malades.

Selon les autorités sanitaires, ce spray est une aubaine car il peut remplacer le vaccin normal en cas de rupture de stock. Mais, soyons honnêtes, il est réservé à celles et ceux qui pensent que la douleur d'une injection est pire que la mort et à ceux pour qui acheter un spray en pharmacie semble plus simple qu'aller dans le cabinet d'un médecin pour se faire piquer le bras. (C'est-à-dire à peu près tout le monde.)

Bien que le vaccin ne donne pas la grippe, il peut avoir des effets secondaires – des douleurs dans le bras, de toute évidence, et, chez quelques personnes, une légère indisposition. « Mais, si l'on met les choses en perspective, ce n'est rien comparé à la grippe elle-même », dit le Dr James C. King Jr., un expert en vaccins de l'université du Maryland aux États-Unis.

King a une bonne raison de persuader les gens de se faire vacciner : il fut l'auteur, il y a quelques années, d'une étude qui montra que vacciner les enfants peut faire faire des économies. Cela est dû au fait que nos petites têtes blondes sont des aimants à germes qui passent leurs journées dans des salles de classe et dans des aires de jeux pleines de germes. Les vacciner fait baisser la probabilité qu'ils attrapent la grippe de leurs camarades, la ramènent à la maison et la transmettent à leurs parents. Cela vous faire perdre moins de journées de travail et vous coûtera moins cher en médicaments et en visites chez le médecin.

Et puis il y a aussi les économies que vous ferez en mouchoirs.

LES CADAVRES PEUVENT-ILS DÉCLENCHER UNE ÉPIDÉMIE APRÈS LES CATASTROPHES ?

Dans la plupart des endroits du monde, après que les catastrophes naturelles ont fait d'énormes dégâts, une suite d'événements sinistres et prévisibles entre en action. La vue et l'odeur des corps déclenchent la peur d'une épidémie. Cela pousse alors les pouvoirs publics à demander d'enterrer les personnes décédées aussi vite que possible – parfois dans des fosses communes et sans identification préalable – une mesure radicale qui complique le processus de deuil des proches de victimes. Ce fut le cas après le passage du tsunami en Asie en 2004, qui fit des centaines de victimes, après l'ouragan Jeanne, qui fit deux mille victimes en Haïti en 2005, après l'ouragan Katrina qui ravagea, la même année, la Nouvelle-Orléans et après les tremblements de terre qui touchèrent le Salvador en 2001 et la Turquie en 2003.

Mais le risque que les cadavres déclenchent une épidémie après une catastrophe naturelle est vraiment négligeable.

Selon Oliver Morgan, un chercheur qui publia une étude sur le phénomène dans le *Pan American Journal of Public Health* en 2004, les catastrophes à grande échelle et les épidémies de maladies infectieuses ont parfois eu lieu par hasard, en même temps, ce qui a conduit à suspecter les cadavres.

Mais seuls les cadavres infectés par une maladie peuvent la transmettre. Les victimes d'un désastre représentent un risque faible car elles sont en général mortes de la catastrophe et pas d'une infection.

Une maladie contagieuse présente avant la mort peut se transmettre aux personnes qui manipulent les cadavres pendant quelques jours, durée qui dépend de l'agent pathogène. Les travailleurs des urgences et des morgues courent le plus grand risque, bien que le danger diminue s'ils portent des gants, des tabliers et des masques.

EST-IL VRAI QUE LES FEMMES ENCEINTES DOIVENT ÉVITER LES CHATS ?

La plupart des femmes enceintes savent qu'elles doivent éviter certaines choses qui peuvent nuire à leurs bébés. Depuis les années 1970, l'alcool et les cigarettes ont été bannis. Elles évitent même en général la caféine. Mais les chats ?

Cela peut paraître ridicule, et ce n'est peut-être qu'une raison supplémentaire de nous faire aimer les chiens. Mais on dit souvent aux femmes enceintes que les chats sont une menace potentielle. Voilà un conseil qui relève des histoires de bonnes femmes et des potions de sorcière, comme la crainte que les chats étouffent les bébés et aspirent leur âme. (Note : on n'a pas de preuves que cela soit déjà arrivé.) En réalité, cette crainte est liée au fait que les félins portent le parasite *Toxoplasma gondii*, qui cause des malformations fœtales et des fausses couches.

Les chats peuvent en général contracter la toxoplasmose en mangeant de petites proies déjà infectées par le parasite, si bien que la maladie est rare chez les chats qui ne sortent pas. Mais ils peuvent également la contracter en mangeant de la viande crue contaminée – en particulier de la charcuterie – de même que les humains.

Une fois qu'un chat est infecté, il répand l'organisme dans ses déjections, qui peuvent infecter une personne qui entrerait en contact avec. Selon le Center for Disease Control and Prevention (Centre pour la prévention et le contrôle des maladies), environ soixante millions d'Américains ont contracté la toxoplasmose à un moment ou un autre de leur vie, bien que peu l'aient remarqué car le système immunitaire d'une personne en bonne santé est en mesure de lutter contre la maladie.

Les femmes enceintes sont les plus vulnérables. Environ trois mille femmes transmettent la maladie à leur fœtus chaque année et un petit pourcentage de nouveau-nés naissent chaque année avec des malformations graves.

Mais les femmes enceintes ne doivent pas nécessairement se débarrasser de leur chat. Il y a des moyens pour garder votre Félix tout en limitant les risques : évitez la litière, couvrez les aires de sable extérieures et portez des gants quand vous jardinez pour minimiser le contact avec leurs déjections. Mieux vaut qu'un(e) ami(e) s'occupe de la litière à votre place.

Une fois que le bébé sera né, le chat pourra l'accueillir à pattes ouvertes.

UN RHUME EST-IL CONTAGIEUX AVANT L'APPARITION DES SYMPTÔMES ?

Les signes ne trompent pas. On éternue, on a mal à la gorge, on a le nez pris et tous les mouchoirs du monde ne suffisent pas.

Chacun peut détecter les premiers symptômes du rhume de l'hiver mais presque personne ne sait quand une personne qui a contracté le virus devient contagieuse et pendant combien de temps elle le reste.

Le rhume – comme la varicelle, la rougeole et de nombreuses autres maladies virales – peut se répandre avant et après l'apparition des symptômes. La période entre l'infection et la déclaration de la maladie, la période d'incubation, est de l'ordre de trois à cinq jours pour la plupart des maladies virales mais elle est plus courte dans le cas du rhume.

Le Dr Daniel J. Skiest, directeur associé du service d'étude des maladies infectieuses au Southwestern Medical Center de l'université du Texas et expert en la matière, fait remarquer que l'on connaît plus de deux cents virus à l'origine du rhume. Selon la souche que vous contractez, vous pouvez devenir contagieux/se environ une journée après avoir été infecté(e), bien que les symptômes n'apparaissent qu'un à deux jours plus tard.

Quand les symptômes apparents de la maladie ont disparu, vous pouvez encore infecter les autres pendant une durée allant jusqu'à trois jours. Cela signifie que personne ne peut complètement se protéger du rhume en évitant celles et ceux qui en présentent les symptômes, bien que cela puisse aider.

Que peut-on donc faire pour avoir moins de chances de tomber malade ? La chose la plus importante, c'est d'éviter les foules, en particulier pendant les pics de rhume en septembre, janvier et avril. Évitez de vous frotter les yeux ou le nez et lavez-vous les mains aussi souvent que possible (vous savez maintenant qu'un savon classique suffira). La raison en est que les rhumes se transmettent surtout par l'intermédiaire de gouttelettes infectées en suspension dans l'air et lorsque les virus passent du nez à la main puis à la main d'une autre personne. Si vous ne voulez pas avoir l'air paranoïaque en allant vous laver les mains vingt fois par jour, alors lavez-vous seulement les mains avant les repas, avant et après être allé(e) aux toilettes et après avoir pris les transports en commun – ce sont les moments les plus importants.

Environ un tiers des rhumes sont dus aux rhinovirus, qui voyagent dans ces horribles gouttes qui coulent du nez ou dans les projections envoyées par les personnes qui toussent ou éternuent.

Vous vous rappelez que vos parents vous disaient de mettre la main devant votre bouche quand vous toussiez ou éternuiez ? Eh bien faites-le.

SERAIS-JE PLUS MALADE SI JE FAIS DU SPORT QUAND J'AI UN RHUME ?

On le sait, les gens qui pratiquent une activité physique régulière ont moins de rhumes que ceux qui ne mettent jamais les pieds dans une salle de sport. Mais certains disent que, une fois que l'on est malade, un peu d'exercice peut accélérer la guérison car cela aide le système immunitaire alors que d'autres jurent que le sport aura l'effet opposé car il nous affaiblira.

Eh bien, peut-être tout le monde a-t-il tort.

Les scientifiques qui se sont intéressé à cette question ont toujours découvert que le sport n'avait aucune influence sur les rhumes. La plupart des études ont été menées grâce à des cobayes humains (traduction : des étudiants fauchés) à qui l'on donnait un peu d'argent pour les infecter avec le rhinovirus (la cause classique du rhume) avant d'examiner la réaction de leur corps à l'exercice physique.

Au cours d'une expérience menée en 1988, une équipe de chercheurs injecta un rhinovirus à un groupe d'étudiants et demanda à une partie du groupe de courir, de monter des escaliers ou de pédaler à vitesse modérée pendant trois quarts d'heure tous les deux jours et à l'autre moitié du groupe de rester calme.

Mais la science exige des sacrifices et des mesures pas toujours élégantes ou plaisantes : les chercheurs ont poussé l'expérience jusqu'à collecter et peser les mouchoirs utilisés par les sujets. Ce qui amène une question subsidiaire : quel groupe a le plus souffert au cours de cette étude, les étudiants qui ont signé pour se faire inoculer le virus ou les étudiants chargés de collecter et d'« analyser » les mouchoirs utilisés ?

Les résultats de cette expérience ne le disent malheureusement pas. Mais voici les conclusions auxquelles les scientifiques sont parvenus : après dix jours, l'exercice physique n'a ni amélioré ni empiré les symptômes du rhume. Il n'a pas non plus eu d'effet sur la durée. Plusieurs études similaires menées ailleurs ont confirmé ces résultats.

Concernant la pratique du sport quand on est enrhumé(e), il y a une règle générale qui fonctionne bien. Les médecins l'appellent la « règle du cou ». Vous pouvez faire du sport si vos symptômes sont localisés « au-dessus du cou », comme le nez qui coule, des éternuements ou des maux de gorge. Si vos symptômes sont situés « en dessous du cou » (fièvre, nausée, diarrhée), mieux vaut rester calme pendant quelques jours.

7. Les remèdes de grands-mères

Soigne-toi toi-même

Votre rhume refuse de se terminer mais vous n'allez quand même pas consulter un médecin pour si peu. Vous vous êtes coupé(e), il faudrait mettre un pansement et de la pommade mais rien de trop sérieux. Vous avez mal aux dents depuis deux jours mais vous n'allez pas prendre une journée pour aller chez le dentiste.

Ce sont des moments qui font appel à notre créativité. Ce sont des moments où l'on retourne sa maison de fond en comble, désespéré(e), où l'on fouille dans l'armoire à pharmacie, où l'on cherche dans la cuisine et où l'on creuse dans ses souvenirs pour essayer de se rappeler ce que l'on a appris de sa grand-mère en espérant trouver quelque chose pour soigner notre mal.

Il existe heureusement des remèdes qui permettent d'éviter l'intervention d'un médecin sans pour autant être complètement loufoques. Certains d'entre nous ne jurent que par eux et la plupart d'entre nous les répètent. Il y a le whisky pour les rages de dents, le jus de canneberge[1] pour les infections urinai-

---

1. N.d.T. : traduction de *cranberry* : les Américains consomment cette plante comme remède traditionnel contre les infections urinaires sous forme de jus ou de comprimés. Les propriétés de cette plante ont été reconnues en France par l'Agence de sécurité sanitaire des aliments.

res, le bouillon de poulet pour le rhume (et, apparemment, pour l'âme) et tous les remèdes artisanaux qui circulent depuis des siècles. Après tout, comment faisaient nos ancêtres avant l'invention de la pénicilline ?

Un grand nombre des herbes aujourd'hui vendues comme remèdes aux États-Unis ont été apportées par les colons au XVIIIe siècle précisément en raison de leurs vertus médicinales. Il était impensable qu'une maison coloniale n'ait pas de jardin, en partie parce que les habitants devaient cultiver leurs aliments mais également parce qu'il servait de pharmacie. Et, bien avant cela, les peuples indigènes, en Amérique, par exemple, utilisaient tout ce qu'ils pouvaient, de la canneberge aux feuilles de thé pour soigner leurs douleurs et leurs maux.

Les remèdes domestiques ont une longue histoire. Pourtant ils ont également leurs détracteurs. Au début du XIXe siècle,

lorsque les vaccins et les nouvelles technologies favorisèrent l'émergence de la médecine moderne, les autorités médicales commencèrent à mettre en doute tous les traitements qui n'étaient pas prescrits par un médecin. Prenez par exemple cette lettre d'un docteur, qui fut publiée dans le *New York Times* en 1913 :

« Tous les médicaments sont toxiques s'ils ne sont pas employés de façon judicieuse et les consommateurs profanes sont incapables de faire une analyse quantitative ou qualitative, si bien que bon nombre d'entre eux déposent leur vie sur l'autel de l'ignorance. L'emploi de ce que l'on appelle les remèdes domestiques doit être très répandu car un grand magasin dont la clientèle est majoritairement pauvre a récemment fait de la publicité pour des soldes sur des armoires à pharmacie – une acquisition très dangereuse pour une personne ignorante. »

Ce texte paraît un peu désuet, mais soulève une bonne question : quels sont les remèdes ancestraux auxquels nous pouvons faire confiance et quels sont ceux qui sont tout simplement inutiles ?

Dans les quelques pages qui suivent, nous explorerons quelle science se cache derrière de nombreuses automédications dans l'espoir de les valider ou de les remettre en cause – parmi lesquelles, bien sûr, le grand classique : l'échinacée peut-elle quelque chose contre les rhumes ?

L'ÉCHINACÉE AIDE-T-ELLE À VRAIMENT À GUÉRIR LES RHUMES ?

C'est le joyau de la médecine par les plantes, le grand classique de la phytothérapie, et des millions de personnes ne jurent que par elle. Les Américains dépensent plus de trois cents millions de dollars par an en pensant que cette plante peut guérir les rhumes et aider le système immunitaire à se préparer pour éviter les suivants.

Mais, malheureusement, la science est assez claire sur cette question et l'échinacée, malgré des décennies de preuves miraculeuses du contraire, ne vous aidera pas à guérir de votre rhume une fois qu'il a commencé.

Pour ce qui est de savoir si en consommer vous permettra de vous protéger contre les éventuels futurs rhumes, le jury n'a pas rendu son verdict.

On peut dire sans risque qu'aucune plante médicinale n'a été autant étudiée que la « fleur hérisson », en partie en raison de sa si longue histoire de panacée naturelle. Les Indiens d'Amérique extrayaient de cette fleur un remède à toutes sortes de maladies – la toux, les maux de bouche, la rage et même les morsures de serpent. Il n'y a sans doute pas une maladie que l'on n'a pas un jour essayé de guérir grâce à l'échinacée. Les premières traces de sa réputation remontent au début du XXe siècle, quand la plante fut de plus en plus souvent employée en Allemagne comme remède aux problèmes respiratoires pendant le rhume. La rumeur se répandit peu à peu et elle est vendue aujourd'hui un peu partout comme remède contre le rhume et la grippe.

Des dizaines d'études ont essayé de déterminer si elle a effectivement l'efficacité que tout le monde lui prétend mais aucune étude sérieuse n'a pu le prouver. Parmi les études les plus importantes et les plus rigoureuses, une étude de 2005 publiée dans le *New England Journal of Medicine* fut menée sur quatre cent trente-sept personnes qui s'étaient portées volontaires pour que les scientifiques leur inoculent le virus par le nez. Certains prirent des doses d'échinacée de trois cents milligrammes une semaine avant (la dose la plus souvent consommée) et d'autres, soit de l'échinacée soit un placebo pendant l'infection elle-même.

Pendant cinq jours, les sujets furent isolés dans un hôtel et examinés sous toutes les coutures. Les personnes qui avaient pris de l'échinacée eurent la même probabilité d'attraper un rhume que les autres. Leurs symptômes n'étaient pas différents, pas plus que leurs sécrétions virales, et ils ne virent aucune augmentation de leur niveau d'interleukine-8, une protéine du système immunitaire qui, selon ses adeptes, est le mécanisme à l'origine des vertus curatives de l'échinacée.

C'en fut fait de cette panacée.

Mais cette étude et les autres n'ont pas vraiment réussi à faire descendre l'échinacée de son piédestal. Elle est encore présentée comme un remède contre le rhume et peu de gens ont débarrassé leur armoire à pharmacie de leur bouteille d'échinacée.

Et mieux vaut sans doute ne pas le faire. Selon certains scientifiques, il faudrait peut-être faire d'autes études qui détermineraient, par exemple, les effets de doses plus fortes ou plus faibles et dans d'autres formes avant de classer le dossier. De plus, des preuves accumulées sur plusieurs décennies montrent que les personnes qui en prennent en faible quantité sur de longues périodes – pas seulement quand elles ont un rhume ou juste une semaine avant mais pendant des mois, voire des années – seraient moins souvent malades.

De plus, si vous n'y êtes pas allergique, elle ne peut pas vraiment vous faire de mal. Et elle n'a pas aussi mauvais goût que de nombreux sirops contre la toux.

LES BLESSURES GUÉRISSENT-ELLES PLUS VITE SI ON LES LAISSE « RESPIRER » ?

Les parents et les infirmières scolaires ont une méthode ancestrale pour traiter les petites coupures et écorchures qu'un monde impitoyable inflige à la peau d'un enfant : nettoyer la plaie, stopper le saignement et laisser respirer. Et ne jamais, jamais arracher la croûte, même si ça gratte ou si elle commence à se détacher.

Le but de cette méthode, comme l'indiquent les textes médicaux, est de diminuer les risques d'infection et d'accélérer le processus de cicatrisation. On nous a dit que c'était le chemin le plus sûr et le plus efficace vers la guérison.

Mais les chercheurs et les dermatologues ont découvert que ce que beaucoup d'entre nous croient savoir sur le traitement des petits bobos est faux. Notre infirmière scolaire avait tort. Nos parents avaient tort. L'écolier qui s'asseyait au fond de la classe et qui s'arrachait les croûtes, lui, avait raison.

Il s'avère qu'exposer une blessure à l'air libre pour qu'elle puisse respirer est une grave erreur car cela crée un environnement sec qui accélère la mort des cellules.

Plusieurs études ont montré que, lorsque l'on couvre une blessure et qu'on la garde humide, les vaisseaux sanguins se régénèrent plus vite et le nombre de cellules à l'origine de l'inflammation baisse plus rapidement que si la blessure reste à l'air libre. Le meilleur conseil médical de la journée est donc : mieux vaut garder une blessure humide et la couvrir pendant cinq jours.

Il est intéressant de noter qu'un bandage a plusieurs actions. Il protège des infections, garde la blessure humide et protège la zone de la lumière du Soleil, qui stimule la production de pigments et peut entraîner une décoloration. Il semble malheureusement que les pansements Mickey® ne soient pas plus efficaces que les autres, malgré l'insistance des enfants.

Une autre erreur courante que beaucoup d'entre nous font, c'est d'appliquer des pommades antibiotiques. Ces crèmes gardent certes la plaie humide mais elles peuvent également la faire gonfler et déclencher une réaction allergique appelée dermatite de contact. Deux applications journalières de vaseline suffisent.

Enfin, vous pouvez sans remords enlever cette vilaine croûte quand personne ne regarde : une petite croûte au départ permet d'arrêter le saignement mais, si on la garde trop longtemps, elle laissera une cicatrice plus grande. Le meilleur moyen de la retirer est de l'humidifier et de l'enlever doucement puis de sécher la zone avant d'appliquer de la vaseline.

« Mieux vaut ne pas laisser la croûte trop longtemps car cela augmente les cicatrices », dit le Dr Mark D.P. Davis, professeur de dermatologie à la Mayo Clinic aux États-Unis, qui s'occupe de peaux et de croûtes tout le temps. « C'est l'idée générale. »

EST-IL VRAI QU'IL NE FAUT JAMAIS LAISSER UNE PERSONNE BLESSÉE À LA TÊTE S'ENDORMIR ?

Beaucoup de personnes pensent que l'on peut empêcher une personne de sombrer dans le coma en la secouant et en lui disant de ne pas aller vers la lumière blanche. Tout le monde sait qu'il faut forcer une personne qui vient de recevoir un choc à la tête ou un traumatisme qui altère sa conscience à rester éveillée jusqu'à l'arrivée des secours et se plier ainsi à la légende urbaine selon laquelle le fait de rester éveillé(e) fait baisser la probabilité de tomber dans le coma ou même pire.

Cela semble logique : et si la personne s'endormait mais ne se réveillait jamais ? Aussi longtemps qu'il ou elle reste éveillé(e), on est sûr de ne pas l'avoir perdu(e). Il s'agit d'une croyance qui, d'après les médecins, part d'un malentendu.

Quand une personne subit un choc à la tête, en général, son cerveau gonfle, ce qui déclenche un ensemble de symptômes –

brève perte de conscience, vertiges, nausée – que l'on appelle commotion cérébrale. Ces symptômes disparaissent généralement au bout de quelques jours et il n'y a aucune séquelle. Ce n'est que lorsque la victime souffre d'une hémorragie intracrânienne, ce qui est rare, qu'il y a un risque de mort sérieux.

Le Dr Philip Stieg, directeur du service de neurochirurgie au New York Presyterian/Weill Cornell Hospital, explique que la peur qu'une personne souffrant d'une commotion ou d'une altération de la conscience puisse s'endormir et ne jamais se réveiller provient d'un phénomène connu, que l'on appelle intervalle de lucidité : la personne semble cohérente peu après le choc mais tombe dans le coma et meurt un peu plus tard.

Cela ne se produit pas souvent. Une étude publiée dans le journal *Pediatrics* en 2005 s'est intéressée à des centaines d'enfants qui ont été examinés après des blessures à la tête qui se sont par la suite révélées fatales. Cette étude a montré que seulement 2 % d'entre eux avaient été déclarés lucides par les médecins avant de mourir. Les chercheurs découvrirent que cinq de ces six enfants étaient trop jeunes et que leurs capacités ne s'étaient pas assez développées pour être évaluées de façon précise.

Selon les neurologues, il vaut mieux considérer l'inconscience d'une victime comme un symptôme sérieux. Quand une personne perd connaissance puis revient à elle et semble vaseuse, la perte de conscience est sans importance. Vous pouvez la saisir par les épaules et lui dire de rester éveillée mais cela ne servira à rien. Seule l'intervention d'un médecin peut alors faire la différence.

LE JUS DE CANNEBERGE PROTÈGE-T-IL DES INFECTIONS URINAIRES ?

Des siècles avant l'invention du premier cocktail à base de vodka, le jus de canneberge s'était déjà fait un nom en tant que médicament. Les Indiens d'Amérique prônèrent ses vertus curatives pour une foule de maladie dès le XVIIe siècle. Ils préparaient souvent des cataplasmes à la canneberge et les utilisaient contre le poison des flèches. La canneberge était une sorte d'antibiotique.

Il s'avère que les Indiens avaient découvert quelque chose. Ces vingt dernières années, les scientifiques ont établi que la canneberge possède de nombreuses propriétés antibactériennes capables de prévenir de nombreuses infections, parmi lesquelles les infections urinaires. Comment cela a-t-il pu être découvert bien avant que la science le prouve reste une énigme mais la canneberge doit ces propriétés à certains de ses composés.

Une étude publiée dans le *New England Journal of Medicine* en 1998 a montré que les canneberges (et les myrtilles) contiennent de la proanthocyanidine, une substance qui empêche l'*Escherichia coli* d'adhérer aux muqueuses des voies urinaires. Trois ans plus tard, une autre étude publiée dans le *British Medical Journal* a montré que les femmes qui avaient bu du jus de canneberge tous les jours pendant six mois voyaient leur risque d'infection urinaire baisser par rapport au groupe témoin. Six mois après la fin de leur consommation, ces femmes avaient encore un risque plus faible, ce qui suggère des bénéfices à long terme.

Mais il y a quelques limitations. Premièrement, il faut boire au moins deux verres de jus de canneberge par jour pour envisager un effet, ensuite les personnes courant un risque accru, comme celles souffrant de maladies de la vessie, n'en tirent aucun bénéfice. De plus, bien que le jus de canneberge ait un rôle préventif, il n'y a aucune preuve qu'il puisse combattre l'infection une fois qu'elle s'est déclarée. En cas d'infection, il faut se tourner vers des antibiotiques plus modernes comme l'amoxicilline ou l'ampicilline.

*et, pourtant !
c'est vrai !*

EST-CE QUE BOIRE DU THÉ VERT PEUT FAIRE BAISSER LE RISQUE D'AVOIR LE CANCER ?

On l'a qualifié de panacée, capable de faire perdre du poids, de faire baisser le taux de cholestérol et de protéger la santé en général. Les magasins diététiques affirment que le thé est bon pour le cœur depuis des décennies. Même certains fabricants de sodas ont pris le train en marche et le présentent comme une boisson saine.

Cependant, quand on s'intéresse au bénéfice le plus souvent cité du thé vert, sa capacité à lutter contre plusieurs cancers, les études ont révélé beaucoup de promesses mais peu de preuves.

Les promesses sont celles des polyphénols du thé – de puissants antioxydants dont les études ont montré qu'ils pouvaient inhiber la croissance des cellules cancéreuses chez les animaux. Mais les preuves n'ont pas été au rendez-vous quand les scientifiques ont cherché à transposer ces découvertes aux humains. Jusqu'ici, les résultats sont – au mieux – mitigés.

Que savons-nous ? Une étude de 2001 publiée dans le *New England Journal of Medicine* s'est intéressé à des dizaines de milliers de Japonais pendant huit ans et n'a trouvé aucune relation entre la consommation de thé vert et le taux de cancer de l'estomac, le cancer le plus répandu au Japon. Puis, en 2004, une étude sur le cancer du sein menée sur plus de trente-cinq mille femmes japonaises a eu des conclusions similaires.

Mais les études sur le cancer ne sont pas toutes mauvaises pour la réputation du thé vert. Une étude menée à Los Angeles en 2003 a trouvé des taux de cancer du sein très inférieurs chez les femmes qui buvaient régulièrement cette boisson amère. Et deux autres études menées en Chine, où le thé vert est un des piliers de l'alimentation, ont découvert que les buveurs de thé vert avait un taux de cancer de l'estomac, de cancer de l'œsophage et de lésions orales précancéreuses plus faible. Une de ces études a découvert qu'il fallait à peine plus de deux tasses de thé vert par jour pour qu'un effet apparaisse (beaucoup de gens boivent deux tasses sans même y penser). Mais en vérité, il y a beaucoup plus de résultats négatifs – comme les ont trouvés les études menées au Japon – que de résultats positifs dans les études menées à Los Angeles et en Chine. Les preuves sont dans l'ensemble si peu concluantes que l'US Food and Drug Administration a récemment refusé d'autoriser les producteurs de thé vert à inscrire sur les paquets que ce produit permettait de lutter contre le cancer. Et les critères de la FDA ne sont pas très stricts. C'est la même agence qui autorise les compagnies céréalières à affirmer que les flocons d'avoine recouverts de miel ou de sucre sont bons pour le cœur. C'est juste que, comme le disent les régulateurs de la FDA, le fait que le thé vert prévienne toutes sortes de cancers est « très improbable ».

En revanche, si vous êtes un(e) buveur/se de thé vert, n'ayez pas peur. En boire ne vous fera aucun mal. Même les membres de la FDA ont concédé qu'ils ne rejetaient pas le fait que le thé vert puisse lutter contre le cancer ; ils attendent plus de preuves avant de donner leur accord. Si le jour vient où l'on prouve que le thé vert a un effet préventif sur le cancer et que vous faites partie de ceux qui en boivent comme de l'eau, vous serez content(e) d'en avoir bu. Et, si on n'en apporte jamais la preuve, cela ne vous aura fait aucun mal. Ce qui ne lutte pas contre le cancer nous rend plus fort (ou quelque chose comme ça).

LES RAISINS SECS TREMPÉS DANS LE GIN PERMETTENT-ILS DE GUÉRIR L'ARTHRITE ?

Ceux qui ont suivi la campagne pour les élections présidentielles aux États-Unis en 2004 ont peut-être remarqué l'attention qui entoura Teresa Heinz Kerry, héritière du Mozambique et femme de John Kerry, le candidat démocrate. Pour certains, elle était forte et pleine d'assurance mais, pour d'autres, un électron libre un peu loufoque et peu orthodoxe. Parmi tout ce qu'elle a dit, une de ses déclarations les plus remarquées concernait un remède « très efficace » contre l'arthrite, qui laissa certaines personnes pour le moins sceptiques mais eut l'approbation de beaucoup d'autres.

« Il faut prendre du gin et des raisins blancs – seulement des raisins blancs – et les faire tremper dans le gin pendant deux semaines », a-t-elle raconté. « Mangez ensuite neuf grains de raisin par jour. »

Inutile de dire que ses commentaires firent sensation, en particulier parmi les bloggeurs conservateurs qui la prennaient pour une illuminée.

« Je me demande si elle prédit l'avenir avec des os de poulet », écrivit l'un d'entre eux.

« Zut, je n'ai mangé que sept grains. C'est peut-être pour cela que je suis pas guéri », écrivit un autre.

Il s'avère que Teresa Heinz Kerry ne faisait que répéter un remède populaire en vogue depuis des décennies – pour ne pas dire des siècles. Une recherche rapide révèle que d'innombrables livres et sites Internet sur l'arthrite mentionnent (et, souvent, recommandent) cette bonne vieille recette, qu'ils présentent comme un remède artisanal efficace. Et il y a même un peu de science derrière tout ça.

On s'en serait douté, aucune étude clinique rigoureuse n'a prouvé l'efficacité des raisins trempés dans le gin dans le traitement de l'arthrite. Les études ont par exemple montré qu'un groupe de composés présents dans le raisin, les proanthocyanidines, ont de puissantes propriétés anti-inflammatoires et qu'ils combattent les radicaux libres et d'autres substances nocives dans le corps. L'inflammation est une des caractéristiques principales de l'arthrite.

Les raisins contiennent également du soufre qui, sous cette forme naturelle, est utilisé pour soulager la douleur des personnes souffrant d'arthrite.

Le Dr Steven Abramson, directeur du service de rhumatologie au New York University Hospital, affirme que ses patients lui parlent de cette théorie du raisin trempé dans le gin à longueur de journée et pense qu'il y a peut-être quelque chose de vrai. Cela pourrait être dû au resvératrol, l'antioxydant puissant qui donne au vin rouge beaucoup de ses bienfaits en matière de santé, indique-t-il.

« Nous avons étudié ce qu'il y a dans le vin rouge et essayé de voir ce qu'il pouvait en faire pour les maladies articulaires », dit-il. « Notre propre laboratoire confirme qu'il y a peut-être quelque chose dans le raisin qui peut soulager l'arthrite – et un peu de gin pour soulager la douleur ne peut pas faire que de mal. »

Miam. Il y a cependant un petit problème. On ne trouve le resvératrol que dans la peau du raisin rouge et pas dans le raisin blanc ou les raisins secs, qui sont faits avec du raisin blanc.

Aucun rhumatologue ne dira que les raisins trempés dans du gin sont un remède efficace car, à l'heure actuelle (en l'absence d'études), ils n'en sont tout simplement pas un. Mais, selon Abramson, pour ceux qui cherchent une alternative médicale aux pilules à base de plantes de leurs magasins diététiques et parapharmacies, cela peut valoir la peine d'essayer.

Cependant, un détour par une cave à vins pourrait également faire l'affaire.

« Si c'est l'antioxydant que je recherche dans le vin, je préfère boire du vin rouge que manger du raisin », plaisante Abramson. « Mais c'est juste pour moi. Chacun ses préférences. »

UNE RASADE DE WHISKY PEUT-ELLE FAIRE PASSER UNE RAGE DE DENTS ?

Si un peu de gin ou de whisky peuvent nous détendre ou légèrement engourdir nos sens, pourquoi ne pas les utiliser contre les rages de dents ? C'est ce que font beaucoup de gens, suivant la théorie selon laquelle se frotter une boisson très alcoolisée sur les gencives, s'en faire un bain de bouche ou la boire d'un trait peut soulager les douleurs dentaires.

C'est une pratique courante aux États-Unis depuis la guerre de Sécession, où le whisky acquit sur le champ de bataille la réputation de remède universel. À l'époque, avant la naissance de la médecine moderne, l'anesthésie n'existait pas, pas plus que la novocaïne ou la pénicilline. C'était l'époque où l'on trouvait une paire de tenailles et une bouteille de bourbon dans tous les kits de « dentiste ».

Aujourd'hui, nous avons des médicaments et des salles d'opération qui nous aident à faire face à nos maux les plus sérieux. Faute de mieux, une bonne lampée de whisky sera utile pour calmer la douleur. Mais la plupart des personnes qui se tournent vers le Dr Johnnie Walker pour soulager une rage de dents pensent probablement que l'alcool du whisky agira comme un antiseptique, tuera les bactéries et guérira l'infection. Boire un coup, se gargariser un peu, fermer la bouteille et ne plus y penser. Pas d'aiguilles, pas de mains étrangères et de gants en latex pleins de poudre dans la bouche.

Voyons, ne faites pas l'enfant. L'alcool permet certes de lutter contre les bactéries mais ce n'est pas très efficace. Il ne va pas guérir une infection dans la bouche et il ne peut pas

faire office d'anesthésique local. L'autre problème, c'est qu'une petite douleur à une dent peut être un des premiers signes d'un problème plus sérieux à venir et nécessite une visite chez le dentiste.

Cela peut signifier que vous avez un début de carie à une molaire. Ou cela peut indiquer que la pulpe de vos dents et les gencives autour sont infectées. Retarder le traitement peut aggraver votre cas.

Comme le Dr Matthew J. Messina, un des porte-parole de l'American Dental Association me l'a dit, seul un dentiste peut savoir exactement ce qui se passe.

« Les personnes qui recherchent ce genre de remèdes rapides ont souvent peur d'aller chez le dentiste », dit-il. « Mais, d'un autre côté, plus le patient attend et moins j'ai d'options. Si on traite le problème rapidement, quand il est simple, alors c'est plus facile. »

En d'autres termes, mieux vaut en finir. N'attendez pas que le problème s'aggrave. Dans de nombreux cas, il suffit d'un antibiotique pour traiter un mal de dents. Mais, si c'est le milieu de la nuit et que la douleur est insupportable ou que votre bébé qui fait ses dents a besoin d'être soulagé, des médicaments en vente libre permettent de patienter jusqu'au lendemain. Gardez votre whisky pour d'autres occasions.

Y A-T-IL UNE FAÇON SIMPLE DE SAVOIR SI UNE PERSONNE A UNE ATTAQUE ?

Il n'est pas trop difficile de repérer les premiers signes d'une crise cardiaque. Mais une attaque ? C'est beaucoup plus difficile. Si difficile, en fait, que les victimes elles-mêmes n'arrivent pas à réaliser qu'elles en ont (eu) une. Les études montrent que, dans de nombreux cas, les victimes d'attaque, ne réalisant pas leur situation, ne consultent pas avant plusieurs heures, ce qui peut leur faire perdre un temps précieux. Les attaques mineures, par exemple, sont souvent perçues comme de la fatigue ou des migraines.

Ainsi, quand un courrier électronique – la version moderne du conte de bonnes femmes – affirmant que tout le monde pouvait diagnostiquer une attaque en trois étapes parut sur le Net, ce fut tentant. Et pourquoi pas ? Des millions de personnes suivent une formation aux premiers secours chaque année pour être utiles en cas d'urgence. Apprendre à rapidement diagnostiquer une attaque pourrait être tout aussi utile.

De plus, le message commencait par l'histoire émouvante d'une femme appelée Susie qui avait survécu à une attaque importante qui aurait pu lui être fatale, tout cela parce son amie proche Sherry avait lu dans un magazine l'incroyable test en trois étapes et avait su l'administrer au bon moment.

Le message explique que Sherry savait qu'il fallait demander à Susie de faire trois choses simples : sourire, lever lentement les deux bras et réciter une phrase simple. Si la personne ne peut pas exécuter ces trois choses, elle échoue au test et il faut immédiatement contacter les secours car elle a une attaque. Si elle parvient à tout exécuter, tout va bien.

La plupart des messages qui circulent citent une étude bidon ou un docteur fictif. Le message attribuait le texte à une petite étude présentée à un meeting de l'American Stroke Association en 2003.

Mais les certitudes s'arrêtent là.

Les symptômes d'une attaque peuvent varier de façon importante, ce qui signifie que le test en trois étapes détectera certaines victimes mais en laissera beaucoup de côté. Un des détracteurs du test, le Dr Larry Goldstein, directeur du Duke Stroke Center (Centre des attaques de l'université de Duke) aux États-Unis, fait remarquer que certains des symptômes les plus courants sont : des problèmes de vision, un mal de tête inhabituel, un engourdissement soudain et des problèmes de coordination ou des difficultés à marcher – des symptômes qui ne sont pas inclus dans le test.

Faire passer ce test à quelqu'un pour voir s'il ou elle vient d'avoir une attaque, c'est comme tester la vue de quelqu'un en lui demandant de lire un panneau d'affichage. Même si elle réussit le test, cela ne veut pas dire que sa vue est bonne.

« Le danger, c'est que les modifications des capacités neurologiques d'une personne peuvent passer inaperçues car elles ne sont pas inclues dans le test », avertit Goldstein.

C'est la raison pour laquelle l'American Stroke Association a réagi et annoncé qu'elle ne validait pas le test. Si vous pensez que quelqu'un a (eu) une attaque, appelez les secours (le 112 en Europe) le plus vite possible. La seule chose qui peut aider, c'est un traitement médical et pas un test en trois étapes.

PRENDRE DES ANTIOXYDANTS
☆ EST-IL BON POUR LE CŒUR ?
☆

Au début des années 1980, des scientifiques qui étudiaient les maladies cardiaques firent une découverte qui sembla capitale.

Ils remarquèrent que les pays qui avaient les plus forts taux de maladies cardiaques avaient également tendance à avoir des déficits de sélénium, un oligoélément sensible à la lumière et aux puissantes propriétés antioxydantes. Aucun pays ne semblait mieux illustrer cela que la Finlande, où des études menées sur des dizaines de milliers de personnes conclurent qu'une trop faible consommation de sélénium alimentaire était responsable de 22 % des morts par crise cardiaque du pays.

La Carélie du Nord, une zone rurale froide de Finlande qui s'étend aux frontières de la Russie, avait le plus fort taux de mortalité par maladie cardiaque du monde. Certains virent un lien avec le fait que les habitants avaient également le taux de sélénium sanguin le plus faible.

L'annonce d'un possible lien entre le sélénium et les maladies cardiaques fit penser que prendre des suppléments de sélénium pouvait protéger des maladies cardiaques ou peut-être même les traiter. Cela poussa même le gouvernement finlandais à promulguer des lois imposant d'ajouter du sélénium dans les sols et les récoltes et donna lieu à des efforts similaires de la part des autorités sanitaires et des gouvernements dans d'autres pays.

Mais aujourd'hui, deux décennies plus tard, il semble de plus en plus que la réputation du sélénium ait été exagérée et ceux d'entre nous qui en ont gardé dans leur armoire à pharmacie devraient reconsidérer la question. Différentes études ont peu à peu infirmé l'affirmation que le sélénium permettait de lutter contre les maladies cardiaques. Il semblerait qu'une grande étude publiée en 2006 dans l'*American Journal of Epidemiology* lui ait porté le coup de grâce.

Cette étude s'est intéressée à plus de mille adultes aux États-Unis pendant sept ans et demi, dont certains ont pris deux microgrammes de sélénium chaque jour alors que les autres prenaient un placebo. Après avoir fait deux bilans sanguins par an et contrôlé les habitudes de santé, le milieu et d'autres facteurs, les chercheurs ont établi que le sélénium n'avait aucun effet sur le risque d'avoir une maladie cardiaque ou d'en mourir. D'autres études ont montré que même associer le sélénium à d'autres agents antioxydants comme la vitamine E n'avait pas (ou peu) d'effet sur les maladies cardiaques.

Mais il n'y a pas que des mauvaises nouvelles. Des études ont découvert que les personnes qui prennent du sélénium courent moins de risque d'avoir un cancer colorectal, de la prostate ou des poumons que ceux qui n'en prennent pas. Ces découvertes font débat mais sont certainement prometteuses.

Quant aux personnes fragiles du cœur en Carélie du Nord, leur taux de mortalité par maladie cardiaque s'est effondré depuis que les autorités ont ajouté du sélénium dans leur sol. Mais la plupart des scientifiques pensent que cette baisse est plutôt due aux campagnes sanitaires sans précédent engagées par les autorités finlandaises entre les années 1970 et le milieu des années 1990.

Les campagnes ont encouragé les habitants à diminuer leur consommation extraordinairement élevée de graisses saturées, de sel, de viande et de sucre et d'inclure plus de fruits et de légumes dans leur régime alimentaire, qui consistait typiquement en saucisses et en produits laitiers très gras. Comme un membre du gouvernement de l'époque l'a écrit dans le journal *New Scientist*, avant la campagne sanitaire, la plupart des Finlandais considérait que tout ce qui était vert était immangeable. Pour eux, les légumes étaient de la « nourriture pour animaux ».

PEUT-ON AUGMENTER SES CHANCES DE SURVIE EN TOUSSANT QUAND ON A UNE CRISE CARDIAQUE ?

Celles et ceux qui ont reçu une formation aux premiers secours savent comment pratiquer un massage cardiaque d'urgence sur une personne dont le cœur s'est arrêté. Mais que faire si c'est *vous* qui avez besoin d'un massage cardiaque et s'il n'y a personne autour de vous.

« Que faire ? », demande un courriel (anonyme) qui a beaucoup circulé. « Vous vous êtes entraîné(e) au massage cardiaque mais les personnes qui vous l'ont appris ont bien sûr oublié de vous dire comment le pratiquer sur vous-même. »

Selon le message, si vous ressentez la douleur qui rayonne dans votre poitrine et les vertiges qui signalent souvent le début d'une crise cardiaque, vous pouvez rester conscient(e) en respirant profondément et en toussant vigoureusement. Ces actions sont supposées augmenter le niveau d'oxygène et appuyer sur le cœur, ce qui permet au sang de circuler. « La pression sur le cœur l'aide également à retrouver un rythme normal », affirme le message. « De cette façon, les victimes d'une crise cardiaque peuvent prendre leur téléphone et demander de l'aide entre deux respirations. »

Mais ne marchez pas. Comme la plupart des conseils médicaux dispensés par les courriers électroniques qui polluent nos boîtes aux lettres, l'idée que l'on pourrait stopper la progression d'une crise cardiaque en toussant est loufoque. Elle aurait même tendance à faire plus de mal que de bien.

La personne à l'origine du message a peut-être fait une confusion avec le fait que l'on demande parfois aux personnes passant une angiographie de tousser violemment quand leur cœur se met soudain à battre de façon anormale. Il est vrai que le fait de tousser vigoureusement peut aider une personne au bord de l'évanouissement – un des signes de l'arrêt cardiaque – à rester consciente jusqu'à ce qu'un traitement intervienne.

Mais cette technique est tellement dangereuse qu'elle ne se pratique que sous surveillance médicale. Par contre, pour celles et ceux qui ont une crise cardiaque qui ne résulte pas d'un arrêt du cœur, le fait de tousser peut en fait accélérer la crise et retarder le traitement. Comme il est difficile de faire en général la différence, l'American Heart Association et d'autres experts en cardiologie déconseillent fortement d'utiliser cette technique, chez soi ou partout ailleurs (excepté, bien sûr, à la demande d'un médecin).

Un petit aparté : une étude publiée en 1998 a montré que cette procédure pouvait être bénéfique pour les personnes qui souffrent du syndrome de Stokes-Adams, une maladie rare qui cause des arythmies et des évanouissements fréquents. Mais, dans les cas classiques, mieux vaut s'en tenir à la technique éprouvée suivante : appeler les secours et prendre une aspirine – rapidement.

CES PETITS POINTS BLANCS SUR VOS ONGLES SONT-ILS UN SIGNE DE DÉFICIT EN CALCIUM ?

Au moment où j'écris ces lignes, il y a un flacon de pilules de calcium à moitié vide sur mon bureau. Il y a environ quinze ans, quand je remarquai pour la première fois ces points blancs sur les ongles de mes mains et que je commençai à m'interroger à leur sujet, mon frère aîné réussit à me convaincre que c'était un symptôme de déficit en calcium. Je ne sais pas où il avait entendu cela mais cette croyance semble très répandue. Je l'ai cru et, grâce à lui, j'ai passé quinze ans de ma vie à croire que je ne consommais pas assez de calcium.

Ce n'est qu'en parcourant la littérature scientifique en quête de réponses à une question personnelle (de combien de lait le corps a-t-il besoin ?) que je réalisai que j'avais été induit en erreur. Mais il se trouve que de nombreuses personnes ont parfois regardé leurs ongles et se sont demandé d'où provenaient ces petits points blancs. Le phénomène est suffisamment courant pour que les dermatologues lui aient donné un nom sinistre qui, dans la plus pure tradition médicale, est imprononçable : leuconychie ponctuée. Traduction : « des petits points blancs ».

Que sont ces points ? En général, la leuconychie est due à un léger traumatisme de la base de l'ongle, généralement à la suite d'un choc sur les doigts. Se coincer les doigts dans une porte de voiture en fera apparaître quasiment à chaque fois. Une manucure un peu musclée qui met beaucoup de pression sur les ongles, une allergie à l'émail ainsi que des infections bactériennes ou fongiques peuvent également en être à l'origine. Le fait que les accidents et les manucures soient des causes fréquentes permet d'expliquer pourquoi ces points blancs se retrouvent surtout chez les femmes et les enfants (deux groupes qui ont souvent peur de manquer de calcium).

La couleur blanche que l'on voit est en général soit une bulle d'air soit un défaut dans la structure de l'ongle. Il faut plus de huit mois à un ongle pour pousser; ainsi, si vous voyez un point blanc au milieu de votre ongle, cela signifie que le traumatisme remonte à environ quatre mois.

On ne trouve pas ces points que sur les ongles des mains. Ils peuvent également apparaître sur ceux des pieds, ce que les personnes qui se sont cognés les pieds ont sans doute remarqué. Bien que les points soient en général sans danger, ils peuvent être le signe d'une maladie grave, en particulier si les ongles deviennent complètement blancs. Parmi ces maladies, citons les maladies du foie, la fièvre typhoïde, un déficit en zinc et la goutte.

Mais, si vous souffriez d'une de ces maladies, vous l'auriez sans doute su bien avant que ces points blancs apparaissent.

BOIRE DU LAIT PEUT-IL FAIRE SÉCRÉTER TROP DE MUCUS ?

Maintenant que j'y pense, peut-être mon frère aîné se moquait-il de moi ? Car, quand j'avais à peu près six ans, il instilla chez moi une profonde suspicion envers le lait – exactement ce qui aurait guéri les points blancs sur mes ongles. Il me fit croire que boire du lait me ferait produire plus de mucus et que je pourrais ainsi finir étouffé par mon propre mucus.

Il avait tort sur ce dernier point.

Que dire du premier ? Beaucoup de personnes ont cru que boire du lait causait un excès de mucus et qu'il fallait donc l'éviter pendant un rhume, en particulier si l'on était asthmatique. En fait, l'idée que le lait favorise la production de mucus remonte à Moïse Maimonide, un rabbin, philosophe et docteur du XIIe siècle, qui aborda le sujet dans son *Traité sur l'asthme*. Maimonide était visionnaire. Dans ce même ouvrage, il conseilla un remède rapide contre le rhume dont vous avez peut-être entendu parler : le bouillon de poulet. (Nous en parlerons juste après.)

Répété par des générations de parents et de frères aînés, ce lien entre le lait et le mucus fait maintenant partie de la sagesse populaire. Mais il est tout à fait faux. La science montre que ce lien est avant tout une illusion. Ce qui peut ressembler à une augmentation du mucus après une consommation de lait n'est rien de plus qu'un épaississement de la salive.

Dans une quête obstinée et un peu bizarre de la réponse à cette question, une équipe héroïque de chercheurs australiens a mené une étude au cours de laquelle ils ont pesé les sécrétions nasales de dizaines de personnes qui avaient accepté qu'on leur inocule des virus de rhume. Pendant dix jours, les scientifiques ont suivi les sujets, notant la quantité de lait qu'ils avaient bu et combien de mucus ils avaient produit. Ils ne trouvèrent aucun lien entre la consommation de lait, la quantité de sécrétion et la congestion.

Mais, comme toute grande question à laquelle les scientifiques sont confrontés, une seule étude ne pouvait suffire à y répondre. Une autre équipe décida donc de comparer la production de mucus chez différentes personnes ayant bu un verre de lait ou un placebo de goût similaire mais ne contenant pas de lait. Ils ne décelèrent pas de différence de production de mucus. D'autres études similaires menées auprès de personnes asthmatiques ou enrhumées n'ont décelé aucune différence non plus.

Le Dr Allen J. Dozor, un chercheur grisonnant dans le domaine de l'asthme qui, dans sa carrière initiale de pédiatre, a sûrement rencontré toutes sortes de sécrétions, assure qu'on ne peut clairement rien affirmer. Pour le pourcentage extrêmement réduit de personnes allergiques à certaines protéines du lait, il est éventuellement possible que boire du lait augmente la production de mucus. Mais, pour la plupart d'entre nous, le lait n'a aucun effet et il est inutile d'en diminuer sa consommation quand on est enrhumé(e) – à moins, bien sûr que le lait ne provienne de cocktails comme le Mudslide ou le Russe blanc.

LE BOUILLON DE POULET EST-IL VRAIMENT EFFICACE CONTRE LE RHUME ?

Comme Maman serait fière de savoir que le bouillon de poulet est aussi sensationnel qu'on le prétend. Les mères servent des bols chauds de « pénicilline juive » à leurs enfants qui reniflent depuis que Maimonide a déclaré qu'un bon bol de bouillon est « très bon pour vous mais mauvais pour le poulet ». Si Maimonide avait tort à propos du lait et du mucus, alors comment son argument sur le bouillon de poulet résiste-t-il après huit siècles ?

Il se trouve que des scientifiques essaient de savoir si les mères et Maimonide ont raison depuis à peu près aussi longtemps que cette rumeur circule. Dans leur quête de vérité, des scientifiques, microscope à la main, ont étudié diverses marques de soupe, analysé d'innombrables préparations et ont étudié leurs effets sur des volontaires braves mais malades et ont même essayé de mettre au point la recette de bouillon de poulet parfaite pour lutter contre le rhume. Et, jusqu'ici, ils sont tous parvenus à la même conclusion : le bouillon de poulet, ça marche.

La quête commença en 1978, quand des scientifiques du Mount Sinai Medical Center à Miami Beach publièrent une étude montrant que le bouillon de poulet faisait diminuer la congestion et les difficultés à respirer mieux que l'eau, chaude ou froide. Ils parvinrent à cette conclusion après avoir d'abord remarqué qu'un des symptômes du rhume, le nez qui coule, n'est pas dû au virus lui-même mais à la réaction du système immunitaire. Faire couler le nez est un moyen pour le corps de se débarrasser des envahisseurs ; c'est notre première ligne de défense. Les scientifiques ont donc conclu qu'ils pourraient déterminer l'efficacité de plusieurs traitements en mesurant « la vitesse des sécrétions nasales » : une grande vitesse des sécrétions (c'est-à-dire de renvoi de l'agent pathogène) est synonyme de l'efficacité d'un traitement.

Les scientifiques ont découvert que l'augmentation de la vitesse était plus importante chez les volontaires qui buvaient de l'eau chaude que chez ceux qui buvaient de l'eau froide et qu'elle était maximale chez les consommateurs de bouillon de poulet. D'autres preuves vinrent quelques années plus tard quand d'autres scientifiques montrèrent que les protéines du poulet contiennent un acide aminé appelé cystéine. Il s'avère que la formule de la cystéine est similaire à celle de l'acétylcystéine, un médicament qui dissout le mucus dans les poumons, ce qui permet au malade de l'expulser plus facilement.

Mais tous les bouillons de poulet ne se valent pas. Les mères font sans aucun doute les meilleurs, comme tous les enfants vous le diront. Mais nous sommes aujourd'hui presque tous obligés de nous tourner vers notre supermarché, et non vers notre mère, pour trouver le bouillon de poulet dont nous avons besoin pour nous débarrasser de nos reniflements et éternuements. On ne sait parfois pas du tout ce que l'on achète.

C'est la raison pour laquelle une équipe de scientifiques tenta, en 2000, non seulement de montrer que le bouillon de poulet permet de soulager un rhume (la reproductibilité est la base d'une science solide) mais également de déterminer exactement quelle marque de bouillon de poulet marche le mieux. Comme si tout cela n'était pas assez loufoque pour une expérience scientifique aussi sérieuse et dont les résultats furent publiés dans la prestigieuse revue *Chest*, les scientifiques donnèrent également une recette détaillée de la soupe qu'ils avaient utilisée.

Dans cette étude, ils testèrent dix-neuf échantillons de cette recette particulière de bouillon et trouvèrent, en laboratoire, qu'elle supprimait certains globules blancs (les neutrophiles) à l'origine de la toux, de la congestion, du malaise et d'autres symptômes du rhume. Encore mieux, le bouillon fonctionnait encore, même après avoir été très dilué.

« Cette étude », écrivirent les scientifiques, « suggère que le bouillon de poulet pourrait contenir de nombreuses substances ayant un effet médical bénéfique. Le bouillon pourrait avoir un léger effet anti-inflammatoire entraînant une réduction des affections symptomatiques des voies aériennes supérieures. »

Ils testèrent également quelques soupes du commerce, environ une douzaine en tout. Toutes sauf une luttaient contre le rhume. Une exception : les nouilles asiatiques aromatisées au poulet ne marchent pas.

Grosse surprise.

Mais ils ont également donné cette recette maison éprouvée (celle testée dans l'étude), fournie par Celia Fleischer, la grand-mère d'un des scientifiques qui ont mené l'étude.

La voilà donc, la première recette du bouillon de poulet mise au point scientifiquement. Il n'aura fallu qu'un petit millénaire de conjectures et d'expériences scientifiques pour la peaufiner. Bon appétit.

RECETTE

- Un poulet ou une poule d'environ 2,5 kilos
- Un paquet d'ailes de poulet
- Trois gros oignons
- Une grosse patate douce
- Trois panais
- Deux navets
- Une douzaine de grosses carottes
- Une demi-douzaine de tiges de céleri
- Un bouquet de persil
- Sel et poivre

Mettez le poulet dans une grande casserole d'eau froide et portez à ébullition. Ajoutez les ailes de poulet, les oignons, la patate douce, les panais, les navets et les carottes. Laissez bouillir pendant une heure et demie en enlevant le gras de la surface à mesure qu'il s'accumule. Ajoutez le céleri et le persil. Laissez cuire 45 minutes de plus. Enlevez le poulet, qui n'est plus nécessaire à la soupe. (Vous pouvez tout à fait préparer un autre plat avec.) Passez les légumes au mixeur jusqu'à ce qu'ils passent à travers une passoire. Puis ajoutez sel et poivre selon votre goût. Servez à un enfant qui a le nez qui coule.

---

8. Les mauvaises habitudes

Petits travers inquiétants et moins inquiétants

S'il y a une caractéristique que partagent tous les enfants, ce sont bien les mauvaises habitudes.

Peut-être rongiez-vous vos ongles, mettiez-vous les doigts dans votre nez ou suciez-vous votre pouce ? Mais il y a des chances pour que, lorsque vous étiez enfant, vous ayez fait des choses que vous n'étiez pas censé(e) faire – pas juste quelques fois mais à longueur de journée.

Et, si vous êtes comme moi, la seule chose qui perturbait cette habitude, c'était ma maman qui me disait : « Arrête de faire ça ! »

Partout, les mères ont essayé de nous faire perdre nos mauvaises habitudes en utilisant la logique : cette habitude va te donner des irritations (comme respirer par la bouche), ça te donne l'allure d'un *guppy*, ça va te mutiler à vie (comme sucer son pouce, ce qui, d'après Maman, fait pencher les dents vers l'avant) et, dans certains cas, comme craquer ses doigts (qui faisait un son désagréable et nous détruirait les articulations), c'était les deux.

Mais, quand nous étions enfants, nous ignorions ces mises en garde et conservions nos mauvaises habitudes, baignant dans le bonheur et l'ignorance juvéniles. Peu importait les séquelles qui inquiétaient Maman ! Quel enfant de douze ans s'inquiète des problèmes articulaires qu'il pourrait avoir quand il sera vieux ?

Au fait, pourquoi avons-nous pris ces mauvaises habitudes ? Certains d'entre nous l'ont fait pour énerver leurs parents. Mais beaucoup de ces habitudes sans lesquelles nous ne pourrions pas vivre sont innées. Ce sont des comportements que nous adoptons parce qu'ils nous font du bien. Dans certains cas, ils sont même essentiels à notre survie. Prenons le fait de sucer son pouce. Les enfants commencent à le faire parce que c'est agréable et cela devient un mécanisme pour diminuer l'anxiété. Mais c'est également un acte si instinctif que l'on a observé des bébés qui sucent leur pouce dans le ventre de leur mère. Sachant que tous les enfants doivent téter pour se nourrir, cela a un sens. Et la plupart d'entre nous gardent une version détournée de cette habitude toute leur vie : fumer, mordiller et mâcher sont considérés comme des extensions du réflexe de succion. Pas étonnant que la moitié des bébés livrés à eux-mêmes sucent leur pouce ou leurs doigts des heures durant, qu'ils soient éveillés ou endormis.

Il existe même un circuit cérébral appelé ganglion basal qui intervient de façon critique dans ces habitudes, les addictions et l'apprentissage procédural. Pour quelqu'un qui suce son pouce, la seule vue d'un pouce suffit à activer ce circuit et à mettre en mouvement le processus qui mène au désir de le sucer. Ce circuit cérébral est difficile à recâbler, ce qui explique pourquoi tant d'enfants continuent à s'adonner à leurs mauvaises habitudes malgré les mises en garde de leurs parents. Mais, maintenant que nous sommes adultes, les choses sont différentes. Tous les effets négatifs dont nous avons entendu parler semblent aujourd'hui beaucoup plus menaçants. Tout à coup, l'arthrite ne semble plus une menace si lointaine. Les craqueurs de doigts que je connais semblent la considérer comme inévitable. De quoi exactement faut-il s'inquiéter ?

FAIRE CRAQUER SES DOIGTS DONNE-T-IL DE L'ARTHRITE ?

Comme la sonnerie d'un téléphone portable au cinéma ou le crissement des ongles sur un tableau, le son du craquement des articulations peut être insupportable. Il peut également avoir des conséquences pour la personne qui fait craquer ses doigts mais l'arthrite n'en fait pas partie.

Pendant des lustres, les parents partout dans le monde ont dit à leurs enfants qu'ils regretteraient plus tard d'avoir fait craquer leurs doigts. À en juger par le nombre d'adultes qui ne peuvent pas s'en empêcher, il est clair que « l'arthrite de la main » ne fait pas partie de ce qui inquiète le plus les enfants ; ils s'inquiètent plus d'avoir été choisis en dernier lors de la composition des équipes de foot en cours de sport.

Une fois encore, les enquêtes montrent qu'un grand pourcentage de personnes souffrant d'arthrite attribuent leur mal, du moins en partie, à toute une vie de « craquage » de doigts, de doigts de pieds et en général à ce qu'ils faisaient à leurs articulations et qui faisaient grincer des dents leurs parents.

Mais voici ce qui se produit exactement : le « pop » d'une articulation qui craque est dû au fluide synovial, l'épais lubrifiant qui entoure toutes nos articulations. Quand vous étirez vos doigts ou quand vous les tirez vers l'arrière, les os de l'articulation s'éloignent, ce qui crée une zone de basse pression qui génère une bulle. La bulle n'explose pas, comme beaucoup le pensent. Elle implose, s'effondre sur elle-même comme une étoile en fin de vie s'effondre pour former un trou noir et le fluide synovial vient remplir l'espace vide.

Une fois la grosse bulle disparue, une bulle plus petite se forme à sa place. Pendant environ dix minutes, elle reste là et le gaz est progressivement réabsorbé par le fluide synovial. Pendant tout ce temps, la bulle s'étire légèrement si vous tirez sur vos doigts mais elle ne fait pas de bruit – ce qui, au passage, explique pourquoi il faut attendre plusieurs minutes avant de pouvoir faire à nouveau craquer une articulation.

Ce bruit que vous entendez quand la grande bulle implose peut être dérangeant mais il n'est pas aussi inquiétant qu'il y paraît. Des études le confirment. Une des plus importantes, publiée dans les *Annals of the Rheumatic Diseases*, s'intéressa à trois cents personnes de plus de quarante-cinq ans en bonne santé, dont environ un quart avait l'habitude de faire craquer leurs doigts.

Le taux d'arthrite de la main était similaire dans les deux groupes mais les « craqueurs de doigts » avaient en moyenne une poigne moins ferme. Le craquement des doigts fut également mis en lien avec des gonflements de la main, le travail manuel, le tabagisme et la consommation d'alcool. Une étude plus restreinte publiée dans le *Western Journal of Medicine* obtint des résultats similaires.

Si vous avez remarqué dans les résultats précédents que de nombreuses personnes qui font craquer leurs doigts et qui ont vu la force de leurs mains baisser ont un travail manuel et si vous vous êtes demandé(e) si cela pourrait être dû à leur activité, n'ayez crainte. Les chercheurs pensent que le travail manuel n'est pas la cause de ces résultats. Si tel était le cas, les personnes qui craquent régulièrement leurs doigts subiraient plus d'opérations de la main, auraient plus de traumatismes et de problèmes avec leurs mains que ceux qui suivent le conseil de leurs parents et laissent leurs articulations tranquilles. Mais ce n'est pas le cas.

Affaire classée. Il va apparemment falloir que les parents trouvent un nouveau mythe pour empêcher leurs enfants de craquer leurs doigts.

LE FAIT DE S'ASSEOIR BIEN DROIT EST-IL VRAIMENT BON POUR LE DOS ?

« Tiens-toi droit(e) », disent les parents à leurs enfants. C'est un refrain bien connu, fondé sur la théorie selon laquelle toute posture autre que celle à 90 degrés fait porter des contraintes excessives sur le dos.

Mais, malgré sa persistance, ce conseil est faux. Les parents insistent peut-être sur le fait que se tenir bien droit avec les cuisses parallèles au sol est la meilleure façon de s'asseoir mais de nombreuses études ont montré que cette position augmentait au contraire la charge sur les disques lombaires du bas du dos.

Il y a trente ans, les scientifiques le démontrèrent pour la première fois en insérant des aiguilles dans le dos de volontaires et en mesurant la pression générée par différentes positions assises. Ils découvrirent qu'une position inclinée vers l'arrière était idéale, qu'elle faisait porter le moins de contraintes sur le dos et minimisait la pression qui peut entraîner des problèmes dorsaux. De nombreuses études le confirmèrent par la suite.

Mais ce n'est qu'en 2006 que les scientifiques fournirent une preuve visuelle directe. Au cours d'une étude faisant appel à une machine à IRM (imagerie par résonance magnétique) qui permet aux patients de s'asseoir au lieu de s'allonger, une équipe de chercheurs de l'université d'Aberdeen en Écosse a étudié vingt-deux volontaires assis dans trois positions différentes. Les deux premières positions – bien droit(e) et penché(e) en avant – faisaient le plus bouger les disques vertébraux, ce qui entraînait un défaut d'alignement. La troisième position – les patients étaient assis à cent trente-cinq degrés, soit quarante-cinq degrés vers l'arrière avec les pieds posés sur le sol – générait le moins de pression.

Vous avez peut-être remarqué que la position dans laquelle le dos est droit est difficile à maintenir. C'est parce que ce n'est pas une position naturelle pour s'asseoir. La meilleure position pour le dos est celle ou vous êtes penché(e) vers l'arrière, presque avachi(e). À moins de travailler sur la plage à tester les crèmes solaires, cette position est difficile à tenir au travail. Mais n'importe quelle position qui vous permet de vous pencher en arrière et ainsi d'ouvrir l'angle entre vos cuisses et votre dos est préférable à une position à angle droit.

Une fois encore, oubliez ce que vos parents vous ont dit. Ne vous embêtez pas à vous « asseoir correctement », penchez-vous autant que vous voulez.

GARDER UN PORTEFEUILLE DANS SA POCHE ARRIÈRE PEUT-IL DÉCLENCHER UNE SCIATIQUE ?

Dans un épisode de *Seinfeld*, George Constanza a besoin d'une onéreuse chaise de massage pour atténuer la douleur causée par l'énorme portefeuille en cuir qu'il garde dans sa poche arrière. Dans une scène, lors d'un dîner au restaurant Monk, George est tellement penché qu'il ressemble à la tour de Pise.

« Regarde-toi », lui dit Jerry. « On dirait que tu as une armoire sous une fesse. »

Mais, en dehors du monde surréaliste de Seinfeld, les porte-feuilles peuvent-ils donner la sciatique ?

Bien que la plupart des gens trouvent un gros portefeuille rempli de cartes de crédits et de cartes de visite plus moche que dangereux pour la santé, mieux vaut, si vous en avez un, y mettre aussi le numéro d'un ou deux bons spécialistes du dos car cette théorie est vraie.

Ce phénomène fut décrit pour la première fois dans un article du *New England Journal of Medicine* en 1966, à l'époque où les cartes de crédit commencèrent à proliférer. L'article traitait d'un avocat qui avait des douleurs dans la jambe gauche, pas loin de l'endroit où il gardait un portefeuille qui s'était chargé de cartes de crédit au cours des trois années précédentes.

« Il a appris récemment qu'enlever son portefeuille de sa poche gauche soulageait ses douleurs et que le remettre dans sa poche faisait réapparaître les symptômes », dit le rapport.

La maladie du patient fut baptisée « crédit-cardite ». Malheureusement, ce terme n'acquit jamais vraiment le statut de diagnostic médical mais d'innombrables rapports de cas similaires suivirent et, selon les médecins, ce problème est devenu de plus en plus fréquent au cours de ces dernières décennies. Le métier des victimes semble jouer un rôle majeur. Les personnes ayant une activité sédentaire – celles qui travaillent dans les bureaux, les routiers, les chauffeurs de taxi, les opérateurs, etc. – sont particulièrement concernées.

L'apparition du problème est progressive ; il n'est pas dû uniquement aux portefeuilles mais à tous les objets qui appuient sur le muscle piriforme (au niveau des fesses), qui est relié au nerf sciatique qui court le long de la jambe. Avec le temps, si la maladie se développe, vous ressentez une douleur irradiant en bas du dos et au niveau des hanches.

« J'ai dû demander à un patient qui souffrait du dos de retirer au moins vingt ans de données stockées dans son portefeuille », dit le Dr Gerard P. Varlotta de la New York University School of Medicine.

Les portefeuilles ne sont pas les seuls coupables. D'après la littérature médicale, un homme a souffert de ces douleurs en portant un paquet de mouchoirs dans sa poche arrière parce qu'il avait le rhume des foins et un autre, parce que, sur le terrain, il portait des balles de golf dans sa poche arrière.

Mais, heureusement, contrairement à de nombreux autres problèmes de dos, celui-ci a un remède très rapide et très simple. Les médecins l'appellent « portefeuillectomie ».

LE CAFÉ PEUT-IL BLOQUER LA CROISSANCE D'UN ENFANT ?

En plus de l'agitation et de l'insomnie, les parents ont depuis des générations donné une autre raison de ne pas boire de café à leurs enfants : le café bloque la croissance. Le seul problème, semble-t-il, c'est que, malgré des décennies de recherche sur les conséquences physiologiques de la consommation du café, les scientifiques n'ont trouvé aucune preuve que le café a une influence sur la taille.

Ceux qui ont étudié cette théorie feraient mieux de s'intéresser à une question beaucoup plus pressante : pourquoi diable est-ce que les enfants boivent du café ? Vivons-nous dans un monde tel que même les petits bouts ont besoin de commencer leur journée par une tasse d'énergie liquide ? Ne peuvent-ils pas prendre un bol de lait le matin comme nous quand nous étions enfants ? Mais nous nous intéresserons à cette question un autre jour. Une des études qui se sont intéressées aux effets du café sur les enfants a suivi un groupe important d'enfants en Amérique centrale, dont certains buvaient plusieurs tasses de café par jour alors qu'ils n'avaient que six ans.

Les parents qui laissent leurs enfants boire une petite tasse de café de temps en temps peuvent se rassurer : cela ne bloquera pas leur croissance. (Et, comme nous l'avons vu plus haut, d'après les scientifiques, les personnes grandes sont considérées comme plus intelligentes, plus belles et plus agréables, ce n'est donc pas une peur infondée.)

On ne sait pas exactement comment la croyance que boire du café perturbait la croissance a commencé mais les scientifiques pensent que cette idée est liée au fait que l'on a pensé pendant des années que la caféine augmentait le risque d'ostéoporose. Cette crainte provenait de vieilles études qui faisaient un lien entre une forte consommation de boissons caféinées et une réduction de la masse osseuse. Des études plus récentes suggèrent que, si cet effet existe, il est léger et facilement compensé par un apport suffisant en calcium.

Il y a une autre explication à cette association. Selon une étude du Dr Robert P. Heaney, un expert en calcium de la Creighton University in Omaha aux États-Unis, certaines études reliant la consommation de caféine à la réduction de la masse osseuse furent menées sur des sujets dont le régime alimentaire était pauvre en lait et en autres sources de calcium – précisément parce qu'ils buvaient à la place beaucoup de café et de sodas.

Les boissons caféinées n'appauvrissent donc pas le corps en calcium, en revanche certaines personnes en boivent *à la place* de boissons qui leur en fourniraient.

Dans une étude apparentée, des scientifiques ont suivi quatre-vingt-un adolescents pendant six ans et ont découvert qu'il n'y avait pas de différence de la densité ou de la croissance des os entre ceux qui avaient la plus forte consommation journalière de caféine et ceux qui avaient la plus faible. L'étude ne précise pas si toute cette caféine les rendait plus actifs dans la cour de récréation.

PORTER DES NATTES, DES QUEUES DE CHEVAL OU DES CHAPEAUX SERRÉS FAIT-IL PERDRE SES CHEVEUX ?

Ça commence par quelques cheveux dans le bac de douche. Au bout d'un moment, vous remarquez que vous ne pouvez plus prendre de douche sans regarder si vous en perdez. Vous commencez à porter une casquette pour vous protéger des agressions de la vie quotidienne. Mais vous perdez de plus en plus de cheveux. Que faire ?

Pour certaines personnes, réaliser qu'elles perdent leurs cheveux est à peu près aussi amusant qu'avoir une crise cardiaque. Dans certains cas, l'un peut même déclencher l'autre.

Mais beaucoup d'entre nous peuvent éviter de perdre leurs cheveux et donc la crise cardiaque. Bien que nous n'hésitions pas à dépenser d'énormes sommes dans les salons de coiffure, nous ne pensons pas toujours que certaines coiffures peuvent avoir des coûts additionnels.

Et je ne parle pas seulement de la TVA. Les queues de cheval, les nattes, les tresses africaines, les chignons et les autres coiffures serrées – sans parler des chapeaux, des couvre-chefs en tous genres et des bonnets à l'effigie de votre équipe – peuvent tirer sur le cuir chevelu pendant des périodes prolongées et occasionner une perte de cheveux irréversible, que les médecins ont baptisée alopécie de traction. Avez-vous remarqué qu'Andre Agassi portait toujours quelque chose sur la tête et qu'il est rapidement devenu chauve ? C'est peut-être une coïncidence – mais ça n'a sûrement pas aidé.

Il n'existe pas de chiffres sur le nombre de personnes qui perdent leurs cheveux à cause de ce qu'elles leur font subir mais le problème est plus répandu chez les femmes et les enfants. Il est également particulièrement courant chez les Indo-Américains et les Afro-Américains, qui sont plus susceptibles d'utiliser des produits chimiques pour lisser leurs cheveux et de les tresser. Il y a quelques années, ce phénomène touchait beaucoup les infirmières, qui utilisaient des épingles pour fixer leur coiffe sur leur tête des heures durant. Une étude publiée dans l'*International Journal of Dermatology* a suivi des infirmières et a découvert que certaines perdaient leurs cheveux à l'endroit exact où elles plaçaient les épingles.

À la base de l'alopécie de traction, il y a une tension excessive sur le cuir chevelu. Les premiers signes sont une inflammation des follicules, un épaississement ou une desquamation de la peau et, dans certains cas, l'apparition de pustules. Avec le temps, vous verrez une grande quantité de brins cassés sur votre cuir chevelu. Vos cheveux, au lieu d'être long et épais, seront courts et fins – particulièrement aux endroits où vous avez porté des chignons ou des tresses ainsi qu'aux endroits où votre cuir chevelu a subi une tension.

Vous pouvez devenir chauve si vous ignorez ce problème trop longtemps. Mais le phénomène est réversible s'il est détecté assez tôt. Sinon vous pouvez l'éviter en limitant votre utilisation de bigoudis serrés ou de produits chimiques pour vous raidir les cheveux et en diminuant les tensions que vous imposez à votre cuir chevelu.

CROISER LES JAMBES DONNE-T-IL DES VARICES ?

Il est rare que les croyances populaires inspirent un mouvement national. Mais, à la fin des années 1990, une compagnie qui produisait des suppléments alimentaires lança aux États-Unis une campagne – le « Grand Décroisement de Jambes » – pour que les femmes arrêtent de croiser les jambes pendant une journée affirmant que cette pratique perturbait la circulation sanguine et favorisait l'apparition de varices. Lors de cette manifestation, des dizaines de membres de la Hot Flashes Dance Troupe descendirent au Colombus Circle à New York pendant une chaude après-midi de printemps, pour faire des claquettes et dénudèrent leurs jambes dans un effort un peu dévergondé pour attirer l'attention sur cette cause.

Ce fut un beau spectacle et un effort louable, peut-être, mais pourtant il y a un léger problème : plus de douze études importantes qui se sont intéressées aux facteurs de risque des varices n'ont jamais démontré que le fait de croiser les jambes en faisait partie.

Cela surprendra les femmes qui se rappellent le vieil adage de ne jamais croiser les jambes à table. De mauvaises manières ? Certainement. Mais une mauvaise habitude ? Non, même s'il existe un consensus selon lequel le conseil concerne plus la prévention des varices qu'autre chose. C'est pour la même raison que les infirmières portent des chaussures souples depuis très longtemps et que l'on conseille aux femmes qui portent des chaussures à talons hauts de les enlever de temps en temps et de bouger les orteils : pour diminuer la pression sur leurs mollets (et leur dos).

Environ la moitié des femmes et 15 % des hommes âgés de cinquante ans ont des veines gonflées et apparentes que l'on appelle varices, dues à l'accumulation de sang dans les jambes. Les femmes qui refusent de se séparer de leurs talons aiguilles augmentent peut-être leur risque mais pas celles qui croisent les jambes.

Une étude menée sur trois mille huit cent vingt-deux adultes aux États-Unis et publiée en 1988 révéla que, pour les hommes, les facteurs de risque les plus importants étaient le tabagisme et un manque d'exercice physique. Pour les femmes, il y avait un lien fort entre les varices et le manque d'exercice, une forte pression sanguine et l'obésité.

Rester debout ou avoir une activité sédentaire huit heures par jour augmentaient également le risque – une découverte confirmée par des études européennes menées sur des personnes que leur travail force à rester debout, comme les infirmières. D'autres études ont montré que la grossesse et le fait de porter des talons hauts en permanence sont également d'importants facteurs de risque.

Mais la façon peut-être la plus facile de déterminer son risque est de consulter son arbre généalogique – plus de 80 % de celles et ceux qui ont des varices ont un parent qui en avait aussi.

EST-CE QUE LIRE DANS LE NOIR ABÎME LES YEUX ?

Quiconque a déjà lu un livre la nuit à la lumière d'une lampe de poche a déjà été mis(e) en garde contre le fait de lire dans l'obscurité. Cela abîme les yeux et dégrade la vision.

Bien que lire dans le noir puisse fatiguer les yeux et donner des maux de tête, l'idée que cela puisse causer des dommages à long terme est fausse. La plupart d'entre nous peuvent s'attendre à ce que leur vision décline avec l'âge et les recherches génétiques montrent que c'est l'histoire familiale qui, plus que tout, détermine l'importance de la baisse de notre vue.

Mais certains chercheurs affirment que faire faire trop d'efforts à nos yeux lorsqu'on est enfant ou adolescent, comme c'est le cas quand on lit dans le noir ou simplement quand on lit pendant des périodes prolongées, peut contribuer à un déclin ultérieur de la vision.

Des études de population menées aux États-Unis et dans d'autres pays ont montré que le risque et la sévérité de la myopie sont toujours les plus importants chez celles et ceux qui ont le plus haut niveau d'éducation, de même que chez celles et ceux que leur profession pousse à lire énormément, comme les avocats, les éditeurs et les médecins.

Pensez-y. Combien d'avocats ou de médecins voyez-vous porter des lunettes ? Plus que de routiers.

Mais cet argument a un point faible : la plupart des études qui le soutiennent ne prennent pas en compte les différences socioprofessionnelles. Pour le dire simplement, les personnes qui ont le moins accès à l'instruction ont moins accès aux ophtalmologues et leurs problèmes de vue ont plus de chances de ne pas être traités, en particulier aux États-Unis où les assurances médicales sont le plus souvent privées.

La plupart des ophtalmologues et des experts de la vision, comme le Dr Robert Cykiert du New York University Medical Center, affirment catégoriquement que les efforts que la lecture impose à nos yeux – dans la lumière ou dans l'obscurité – sont sans danger. « Cela peut générer de la fatigue, explique-t-il, mais cela ne peut en aucune façon abîmer vos yeux. »

Vous pouvez également oublier un autre mythe populaire sur la vision – que le fait de porter des lunettes affaiblit les yeux. Il est vrai qu'une paire de lunettes peut rendre un monde flou clair mais beaucoup de gens pensent que, comme ce sont elles qui font tout le travail, elles peuvent accélérer le déclin naturel de la vision.

C'est encore une autre illusion optique. La qualité de la vision d'une personne est largement déterminée par la taille de l'œil, qu'une paire de lunettes ou que le fait de lire dans le noir ne peuvent pas modifier. En moyenne, la distance entre la cornée, à l'avant, et la rétine, à l'arrière, est de deux centimètres. Quand les yeux sont trop grands (myopie) ou trop petits (hypermétropie), la cornée ne peut pas correctement projeter les images sur la rétine, ce que les lunettes peuvent compenser.

Le contraste entre une vision normale et une vision affaiblie devient plus évident quand on porte des lunettes pendant un moment et qu'on les enlève. Mais les lunettes n'ont aucun effet durable sur la vision.

L'HYPNOSE AIDE-T-ELLE À ARRÊTER DE FUMER ?

Mark Twain a eu un bon mot sur les difficultés d'arrêter de fumer. C'est facile, a-t-il dit. « Je l'ai fait mille fois. »

En réalité, tous ceux qui ont déjà essayé savent combien il peut être difficile d'arrêter de fumer. La nicotine est une des substances les plus addictives au monde, en haut de la liste avec l'alcool, l'opium et la cocaïne. Plus de trois quarts des fumeurs qui essaient d'arrêter rechutent plusieurs fois, quoi qu'ils tentent.

Et il semble que l'hypnose soit à peu près aussi efficace que les autres méthodes – c'est-à-dire pas très efficace.

Plusieurs études l'ont confirmé. Dans l'une des plus importantes, une méta-analyse publiée en 2000, des chercheurs de l'Ohio State University aux États-Unis ont passé en revue une soixantaine d'études précédentes sur l'hypnose et son effet sur l'arrêt du tabac. Ils ont établi que 20 % de celles et ceux qui avaient essayé l'hypnose ne fumaient plus un an après. Pas mal, non ?

Mais peu de gens n'essayent qu'une seule méthode. De nombreuses études qui se sont intéressées au succès de l'hypnose ont découvert qu'elle était utilisée en combinaison avec des entretiens individuels ou d'autres traitements; il est donc difficile de déterminer l'efficacité précise de cette méthode.

Pour des raisons qui ne sont pas tout à fait élucidées, les hommes ont un taux de succès après l'hypnose supérieur à celui des femmes. Les femmes ont peut-être plus de mal à arrêter de fumer car elles craignent de prendre du poids. Cela peut paraître sexiste, je sais, mais c'est ce que les scientifiques semblent penser.

La prise de poids due à l'arrêt du tabac n'est pas une exagération; elle touche les hommes et les femmes. Le tabac est désastreux pour l'ensemble du corps sauf pour le métabolisme; il pousse le corps à dépenser de l'énergie supplémentaire pour essayer de se débarrasser des substances chimiques inhalées.

Si cette question du métabolisme vous préoccupe, essayez de faire de l'exercice et de mâcher des chewing-gums à la nicotine. Une étude publiée dans l'*American Journal of Clinical Nutrition* a montré que les gommes à la nicotine qui contiennent également de la caféine peuvent compenser le ralentissement du métabolisme en faisant augmenter son activité de 10 %.

Ces substituts et quelques séances d'hypnose ne vous feront peut-être pas arrêter brutalement mais vous aideront à faire les premiers pas sur le chemin d'une longue vie sans tabac.

LES CRISES CARDIAQUES SONT-ELLES PLUS FRÉQUENTES LE LUNDI ?

Le stress fait partie intégrante de notre vie moderne, et en particulier de la semaine de travail moderne.

Le stress de retourner au travail pour cinq jours avant le week-end suivant semble être une raison suffisante pour craindre les lundis. Et cela fait longtemps que l'on soupçonne le stress de ce premier jour de la semaine maudit d'être également dangereux pour le cœur.

Tout le monde sait que le lundi est une corvée. L'anxiété qui naît de l'idée de recommencer la semaine peut être si écrasante que beaucoup de personnes dorment très bien toute la semaine mais tournent dans leur lit le dimanche soir, en particulier celles et ceux dont les journées de travail sont bien remplies. Et puis il y a la petite déprime qui arrive quand on réalise que le week-end est terminé, le mal de tête du lundi matin qui assaille les buveurs de café qui boivent une tasse ou deux de trop pour se remettre dans le bain et l'augmentation de la pression sanguine causée par le trafic routier du lundi matin.

Dans l'idéal, nous sauterions tous le premier jour de la semaine mais, à défaut de pouvoir voyager dans le temps, nous ne pouvons pas échapper aux conséquences – et il y en a beaucoup. Dans plusieurs études menées au fil des années, les scientifiques ont découvert que les morts dues à une crise cardiaque suivaient une progression répétitive : elles sont au plus bas le week-end, augmentent de façon significative le lundi et retombent le mardi.

Une des études les plus importantes et les plus récentes sur ce sujet, publiée dans l'*European Journal of Epidemiology*, a découvert que le risque de crise cardiaque augmentait d'environ 20 % le lundi pour les hommes et de 15 % pour les femmes.

Pourquoi ? Notre pression sanguine grimpe en flèche le lundi matin et, au cours des années, les scientifiques ont mis au point quelques études inhabituelles pour le prouver. Ma préférée est une étude japonaise qui a mesuré la pression sanguine de cent soixante-quinze personnes vingt-quatre heures sur vingt-quatre, sept jours par semaine. Au nom de la science, les personnes étudiées ont dû se laisser poser des appareils de mesure sur tout le corps, ce qui fit probablement augmenter leur pression sanguine. Mais les scientifiques découvrirent que l'augmentation de la pression sanguine le lundi matin éclipsait l'augmentation des autres jours de la semaine. Par contre, la pression sanguine de celles et ceux qui ne travaillent pas le lundi n'augmenta pas ce jour-là.

Le moment de la journée où les crises cardiaques se produisent et leurs causes sont un des sujets favoris des chercheurs depuis des années, depuis qu'ils ont découvert, dans les années 1980, que les crises cardiaques sont plus fréquentes le matin, même pendant le week-end, quand on ne va ni à l'école ni au travail. Même le fait de se réveiller peut déclencher une crise cardiaque.

Il est facile d'attribuer l'augmentation du risque du lundi matin au stress de retourner au travail. Il joue certainement un rôle important mais d'autres facteurs peuvent intervenir. Dans la population écossaise, celles et ceux qui boivent le plus le week-end courent le plus de risques, ce qui suggère que les excès du samedi soir pourraient jouer un rôle. Les chercheurs ont également montré que l'augmentation du risque touche même les retraités – qui n'ont *a priori* pas à s'inquiéter des patrons dominateurs et d'une surcharge de travail. Un peu comme le syndrome de stress post-traumatique qui se produit après une épreuve, la terreur psychologique de se réveiller le lundi matin semble ne jamais s'apaiser, même lorsque l'on est à la retraite.

ET LES ANNIVERSAIRES – A-T-ON PLUS DE CHANCES D'AVOIR UNE CRISE CARDIAQUE CE JOUR-LÀ ?

Si le stress d'un licenciement, l'exercice physique ou même certains jours de la semaine peuvent favoriser les crises cardiaques, alors pourquoi pas les émotions liées à un anniversaire ?

On considère en général les anniversaires comme un moment de fête, une occasion de tous se rassembler autour d'un gâteau avec famille et amis et de se souvenir du bon vieux temps, dans certains cas avec une bonne bouteille de vin. Mais, pour certains, ces journées peuvent être synonymes d'angoisse et de pression, un jour de désespoir silencieux et d'attentes insatisfaites. D'après les scientifiques, c'est particulièrement vrai pour les personnes âgées, qui ont plus tendance, le jour de leur anniversaire, à repenser au passé plutôt qu'au futur.

Une des études les plus importantes et les plus fascinantes à avoir étudié l'impact émotionnel des anniversaires a été publiée dans le journal *Neurology* et a suivi pendant deux ans plus de cinquante mille patients âgés en moyenne de soixante-dix ans et traités pour des problèmes cardiaques dans la province de l'Ontario au Canada. L'étude mit en lumière une relation étroite entre la date d'anniversaire et le début des épisodes vasculaires.

L'étude a conclu que les attaques, les infarctus du myocarde aigus et les accidents ischémiques transitoires ont 27 % de risque de plus de se produire un jour d'anniversaire qu'un autre jour de l'année. Mais il n'y a pas d'augmentation correspondante des autres types de maladie comme l'appendicite, les traumatismes crâniens ou les symptômes asthmatiques, ce qui suggère que les crises cardiaques sont uniques. Les spécialistes attribuent ce phénomène en grande partie à l'anxiété et à d'autres « facteurs de stress psychologique » mais d'autres facteurs semblent intervenir.

Une autre grande étude menée dans le New Jersey aux États-Unis en 1993 a mis en lumière une augmentation similaire les jours d'anniversaire – 21 % pour les hommes et 9 % pour les femmes – qui suggère que les abus (ah, oui, les abus…) jouent un rôle. On boit et on fume par exemple plus aux anniversaires, en particulier chez les hommes, ce qui pourrait expliquer la différence révélée par l'étude. En résumé, les personnes à risque ont intérêt à éviter le sel, l'alcool et les activités physiques intenses le jour de leur anniversaire. Et les grosses fêtes-surprises.

LE STRESS DES VACANCES DE NOËL CAUSE-T-IL UNE AUGMENTATION DES CRISES CARDIAQUES ET DES DÉPRESSIONS ?

Contrairement à l'idée selon laquelle la période des vacances de fin d'année est pleine de joie et de bonheur, elle peut également être synonyme d'angoisse, de dépression et, pour certains, de solitude. Et puis il y a le stress de faire ses courses à la dernière minute, l'anxiété de voir sa belle-famille et la corvée de traverser des aéroports et des gares bondés.

En conséquence, les vacances de Noël peuvent provoquer plus de migraines que de joie. Il n'est donc pas étonnant que la tradition médicale fait un lien entre ces vacances et toutes sortes de maladies, deux en particulier : les crises cardiaques et la dépression.

Mais, malgré tout ce que l'on croit, les études ont trouvé peu de corrélations entre le stress des vacances de Noël et l'apparition de l'une ou de l'autre de ces maladies. En ce qui concerne la dépression, la fréquence du diagnostic ne grimpe pas en flèche au moment de Noël, du Premier de l'an ou d'Hanoukka. En fait, les études semblent montrer l'inverse : les consultations psychiatriques semblent baisser dans les semaines qui précèdent Noël avant d'augmenter après. Une étude menée à la Mayo Clinic aux États-Unis a passé en revue une période de trente-cinq ans et n'a, en pratique, décelé aucun lien entre les vacances et les suicides. Les personnes souffrant de dépression auraient plutôt tendance à avoir moins de problèmes en décembre, peut-être parce qu'elles sont plus entourées par leurs amis ou leur famille, qui les aident à faire face.

Le trouble affectif saisonnier, une forme de dépression associée à l'hiver, constitue une exception. Cette maladie, qui se traite facilement, est plus due à la faible durée des journées hivernales qu'au stress des vacances de fin d'année.

Par contre, pour ce qui est des crises cardiaques, il existe des preuves qu'un effet lié aux vacances existe – mais ce n'est pas exactement ce que vous pensez. Les morts dues à des problèmes cardiaques baissent juste avant les événements sociaux importants, comme les vacances d'hiver ou les événements culturels et augmentent fortement quand le grand jour arrive – et le lendemain. Une étude menée sur des millions de décès aux États-Unis ces trente dernières années et publiée dans le journal *Circulation* a découvert que les plus grands pics de décès par maladie cardiaque se produisaient le jour de Noël, le lendemain et le 1er janvier. Ces jours-là, le taux augmentait de près de 12 % au-dessus de la normale pour cette période. Mais cet effet ne s'applique pas qu'aux crises cardiaques. Il touche également les morts naturelles et les autres maladies, ce qui indique de façon assez forte que le stress n'est pas le déclencheur principal.

Le risque est plutôt lié à deux facteurs subtils mains importants : les variations d'effectifs et les changements d'équipes dans les hôpitaux, qui font baisser la qualité des soins, et le fait que les patients repoussent leur traitement à après les vacances.

9. Les temps modernes

Notre environnement est-il dangereux ?

Aucun doute à ce sujet, aujourd'hui, la technologie donne le ton.

Nous avons des ordinateurs pour être reliés au reste du monde, des fours à micro-ondes pour réchauffer nos aliments en un clin d'œil, des téléphones portables pour être joignables en permanence, des baladeurs MP3 pour écouter de la musique et des télévisions pour nous distraire. Partout autour de nous, de petits et de gros gadgets sont là pour rendre notre vie plus simple, plus rapide et plus efficace.

Et nous sommes tous concernés. Promenez-vous dans les rues de Manhattan et vous vous apercevrez vite que les passants ressemblent à des hommes-machines avec tous leurs appareils numériques. Dans la mesure où vivre ainsi nous permet d'accomplir plus de choses, c'est plutôt positif.

Mais il est tout à fait naturel de se demander si tous ces progrès technologiques ne nous font pas courir des risques. Et pas seulement comme le prédisent les films de science-fiction, qui racontent que toutes ces machines se soulèveront un jour contre nous. La plupart d'entre nous craignent le coût plus subtil d'une vie où – quand on y réfléchit – rien (ou presque) de ce à quoi nous sommes exposés n'est naturel. Nous passons la plupart de notre vie dans des maisons et des bureaux climatisés, bruyants, poussiéreux et éclairés artificiellement, bien éloignés des plaines que parcouraient nos ancêtres.

La technologie peut avoir des bienfaits évidents mais elle nous expose aussi à d'étranges effets secondaires. Nos aliments, par exemple, sont génétiquement modifiés. Nos téléphones émettent des radiations. Nos télévisions fatiguent nos yeux. Nos avions nous exposent à des rayons X. Nos fours à micro-ondes irradient littéralement notre nourriture. Et notre plomberie – eh bien même elle n'est pas aussi inoffensive qu'elle en a l'air.

De plus, une bonne partie de la technologie moderne (sauf nos toilettes) est tellement nouvelle que nous faisons tous en quelque sorte partie d'une expérience. Nous sommes presque toujours obsédés par les risques que nous font courir ces nouveaux objets avant d'avoir pris le temps d'étudier et comprendre leur impact sur le long terme. Les téléphones portables existent depuis suffisamment longtemps pour que les scientifiques en connaissent les risques que nous encourrons à court terme, quand on en utilise un tous les jours pendant quatre ou cinq ans, par exemple. Mais le risque est-il plus important quand une personne en utilise un quasiment tous les jours pendant dix ans ou, comme les adolescents et leurs sonneries bruyantes finiront par le découvrir, pendant toute une vie ?

Il est naturel de se demander comment tous ces appareils artificiels affectent notre corps et notre santé.

RISQUE-T-ON D'ÊTRE ÉLECTROCUTÉ(E) QUAND ON PREND UNE DOUCHE PENDANT UN ORAGE ? ET EN PARLANT AU TÉLÉPHONE ?

Cela semble trop bizarre pour être vrai. Mais la réponse à cette question illustre très bien le fait que, parfois, les absurdités médicales que l'on refuse de croire ne sont finalement pas si idiotes.

Quand j'entendis cette mise en garde pour la première fois il y a quelques années, je crus que mes parents perdaient la tête. *Sortir de la baignoire parce qu'il y a du tonnerre dehors ?* Je croyais qu'ils se moquaient de moi. Bien sûr, tout le monde sait que l'eau d'une piscine extérieure peut attirer la foudre mais une salle de bain est un tout petit peu plus isolée. Et, s'il y a un bon moment où prendre une bonne douche chaude et relaxante, c'est bien quand on est coincé(e) à l'intérieur parce qu'il fait mauvais dehors. Mon père devait

déployer des stratagèmes pour me faire sortir de la douche et ainsi faire des économies d'eau. J'étais donc impatient d'avoir la confirmation que cette croyance n'était qu'un mythe qui ne résisterait pas à mes investigations, comme beaucoup avant lui.

Mais je dois avouer que je m'étais trompé.

La raison principale qui laisse penser que l'on peut se faire électrocuter sous la douche pendant un orage, c'est qu'un éclair frappant un bâtiment – même un bâtiment protégé – peut voyager à travers la plomberie, les conduites et les fils en métal et électrocuter la personne qui est en contact avec un robinet ou un appareil électrique. Les conduites métalliques sont non seulement d'excellents conducteurs d'électricité mais elles sont également remplies d'eau pleine d'impuretés qui participe à la conduction du courant.

Un éclair a peut-être l'air spectaculaire et furieux mais il est plutôt paresseux. Quand il frappe, le courant suit le chemin de moindre résistance en direction du sol, ce qui signifie qu'il passe joyeusement d'un bon conducteur (une conduite en métal) à un autre conducteur (vous, même si un humain conduit moins bien l'électricité que du métal). Si le courant d'un éclair se répand dans les conduites d'eau pendant que vous êtes debout dans votre baignoire à tourner le robinet, votre petite douche du matin vous réveillera un peu plus vite que d'habitude.

Il est vrai que, en pratique, le risque que cela se produise est infime. Mais cela arrive, avec parfois des résultats étonnants. En octobre 2006 en Croatie, une femme de vingt-sept ans se lavait les dents chez elle quand la foudre s'abattit sur sa maison et se fraya un chemin jusqu'à son robinet. Quand elle se pencha pour se rincer la bouche, le courant entra par sa bouche et sortit – sans blague – par son postérieur.

« Je l'ai senti traverser mon torse et puis je ne me rappelle plus grand-chose », raconta Natasha Timarovic au *Times* de Londres et à d'autres journaux.

Oublions les blagues un peu crues et difficiles à éviter dans la circonstance ; il s'avère que le courant n'a peut-être pas pu se diriger vers le sol parce que la semelle de ses chaussures était en caoutchouc. D'après ses médecins, ces chaussures en caoutchouc – ou, comme un scientifique le dirait, ces « mauvais conducteurs électriques » – lui ont probablement sauvé la vie.

Je devrais peut-être acheter des tongs pour ma salle de bain.

Ron Holle, ancien météorologue à la National Oceanic Atmospheric Administration, peut raconter des dizaines d'histoires identiques à la minute et il pourrait d'ailleurs facilement vivre de ses prestations. Holle, qui passe une bonne partie de son temps à recenser les blessures dues aux éclairs, estime que, chaque année aux États-Unis, dix à vingt personnes sont frappées par la foudre dans leur baignoire, en manipulant un robinet ou en utilisant des appareils électriques pendant des orages. Environ une d'entre elles en meurt.

« Il y a énormément de mythes à propos des éclairs », me confia-t-il, « mais, cette fois, c'est vrai. »

Pendant un orage, un bâtiment protégé se comporte un peu comme une cage métallique. L'électricité d'un éclair est conduite autour des occupants et finit par se dissiper dans le sol. C'est la raison pour laquelle les paratonnerres installés sur votre toit sont si importants : ils permettent de diriger le courant vers le sol et d'assurer la sécurité des occupants.

Il n'y a pas vraiment de risque en dehors de votre plomberie sauf si vous touchez quelque chose qui est relié à un chemin conducteur et si votre bâtiment n'est pas équipé d'un paratonnerre ou n'est pas bien relié à la terre. Aujourd'hui, en ville du moins, la plupart des bâtiments sont bien reliés à la terre. Des accidents peuvent se produire mais ils sont rares.

Mary Ann Cooper, une scientifique qui dirige le Lightning Injury Research Program à l'université de l'Illinois à Chicago raconte que des personnes ont été frappées par la foudre et même tuées alors qu'elles parlaient au téléphone pendant un orage – ce qui confirme une autre peur très répandue. En 1985, par exemple, un lycéen du New Jersey fut tué quand un éclair déclencha une surtension qui remonta par le fil de son téléphone, entra par son oreille et arrêta son cœur. Les enquêteurs découvrirent plus tard que les fils de téléphone de sa maison n'étaient pas reliés au sol car le câblage n'avait pas été bien fait.

LA TÉLÉVISION REND-ELLE LES ENFANTS IDIOTS ?

Nous vivons à l'ère de la télévision. Nous n'aimons pas la télévision, nous en sommes dépendants. Les enfants regardent la télévision près de quatre heures par jour en moyenne et voient chaque année des milliers de films, de dessins animés et de publicités. Lorsqu'un(e) adolescent(e) américain(e) passe le baccalauréat, il ou elle a passé deux fois plus de temps les yeux rivés sur un poste de télé que dans une salle de classe.

Étant donné tout le temps que les enfants passent devant la télé, il peut être intéressant de se poser cette question éternelle : la télévision rend-elle les enfants idiots ?

Il ne fait aucun doute qu'il existe un lien entre une grande consommation de télévision et une faible intelligence. De nombreuses études montrent que les enfants qui regardent la télévision plus de douze heures par semaine lisent moins bien et réussissent moins bien à l'école que ceux dont les parents n'hésitent pas à appuyer sur le bouton « arrêt ». Cela ne prouve cependant pas que la télévision cause directement des dommages au cerveau mais tout simplement que les enfants ont moins de temps pour étudier.

Pour répondre plus directement à cette question, les scientifiques ont essayé de trouver un lien entre le temps passé devant la télévision et la diminution de la durée d'attention, en particulier chez les jeunes enfants. La raison en est que, pendant la petite enfance, le cerveau se développe rapidement. Beaucoup de chercheurs pensent que les environnements stimulants – comme la stimulation saccadée de la télévision – peuvent déclencher des modifications au niveau du cerveau.

Mais ces dommages sont-ils permanents ?

Apparemment, oui. Une étude menée sur deux mille cinq cents enfants et publiée dans le journal *Pediatrics* a découvert que plus les enfants regardent la télévision entre un et trois ans et plus ils courent le risque de souffrir du « trouble déficitaire de l'attention avec hyperactivité » (ou TDAH) à l'âge de sept ans. Dans certains cas, une heure de télévision journalière suffit à faire augmenter le risque de 10 % ! Et des études précédentes sur la télévision et son lien avec le TDAH ont eu des résultats similaires.

Mais que les parents à qui cela fait dresser les cheveux sur la tête ne s'en fasse pas trop. Deux autres importantes études minutieuses n'ont décelé aucun lien entre le temps passé devant la télévision et le TDAH, y compris une étude qui s'est intéressée à cinq mille enfants américains en crèche. La plupart des scientifiques soupçonnent qu'il y a un léger effet mais qu'il est probablement minime. Espérons pour les Américains que cela soit vrai, dans un pays où la moitié des foyers a trois télés ou plus et où 60 % des enfants ont un poste dans leur chambre.

Néanmoins certaines craintes persistent. Un lien a été établi entre la télévision et un mauvais sommeil, une plus grande probabilité de se mettre à fumer ou de devenir obèse. Cinq heures de télévision ou plus peuvent avoir cet effet. Répétons-le : cinq heures, c'est-à-dire par exemple de 18 heures, le début des jeux sur les grandes chaînes, à vingt-trois heures, la fin du film. Des raisons de s'inquiéter ? Le temps moyen que nous passons devant la télé avoisine les quatre heures par jour.

REGARDER LA TÉLÉVISION TROP PRÈS ABÎME-T-IL LES YEUX ?

Cela fait plus de soixante-dix ans que la télévision existe et quelque chose me dit que cela fait aussi longtemps que les mères prudentes, inquiètes que leur progéniture soit collée à cette invention hypnotisante, leur disent ces quelques mots que beaucoup, beaucoup d'enfants ont entendu depuis : « Ne t'assieds pas si près, tu vas t'abîmer les yeux. »

Une différence entre cette époque et aujourd'hui ? Aujourd'hui, les scientifiques peuvent dire avec certitude que ce n'est pas vrai.

Avant les années 1950, les postes de télévision émettaient des niveaux de rayonnements tels qu'ils auraient pu augmenter le risque de problèmes oculaires chez certaines personnes exposées de façon répétée et prolongée. Plusieurs études menées avant 1970 ont montré que les niveaux de rayonnement émis par les téléviseurs étaient très élevés. Certains émettaient même des rayons X. Un petit pourcentage dépassait la limite recommandée de 0,5 millirem par heure.

Mais les téléviseurs modernes sont des machines bien différentes. Ils sont mieux isolés, si bien que les rayonnements ne posent plus de problèmes. Selon certaines études, la dose moyenne de rayonnement reçue par une personne qui regarde régulièrement la télévision de près vaut environ 1 millirem par an – environ un dixième de ce que l'on reçoit lors d'une radiographie des poumons.

« Ce n'est pas une histoire de bonnes femmes, c'est une histoire de bonne technologie », observe le Dr Norman Saffra, directeur du service ophtalmologique du Maimonides Medical Center à New York. « À l'époque où nos grands-mères ont grandi, c'était une recommandation justifiée. »

Mais ces jours sont loin. Asseyez-vous aussi près que vous le voulez de votre téléviseur – que ce soit pour mieux regarder les magnifiques médecins de *Grey's Anatomy* ou pour tester la théorie selon laquelle, si vous vous approchez suffisamment, vous serez aspiré(e) et projeté(e) au cœur de l'action.

Gardez cependant à l'esprit que, même si le fait de rester concentré(e) sur un écran pendant des heures ne vous rendra pas aveugle, cela fatiguera vos yeux. Suffisamment bien éclairer la pièce quand la télévision est allumée et détourner le regard de temps en temps pourront vous aider à l'éviter.

Les parents doivent être vigilants quand leurs enfants s'approchent très près de l'écran. Non pas à cause des rayonnements, bien sûr, mais parce que cela indique peut-être qu'ils ont besoin de lunettes.

UNE MUSIQUE TROP FORTE PEUT-ELLE CAUSER DES PERTES D'AUDITION PERMANENTES ?

La musique d'un concert de rock ou quelques heures passées en discothèque peuvent engourdir les oreilles pendant un jour ou deux. Mais cela peut-il rendre sourd(e) ?

Les études montrent que la plupart d'entre nous sont régulièrement soumis à des bruits ou de la musique qui peuvent, à long terme, nous rendre durs d'oreille. Il n'est donc pas étonnant qu'un tiers des causes des pertes d'audition permanentes soit dues au bruit lié aux loisirs et au travail.

Dans la plupart des cas, la perte s'accompagne d'un sifflement continu appelé acouphène, qui est bien pire qu'il n'en a l'air. Imaginez une mouche qui vous tourne autour et qui reste là, peu importe le nombre de fois où vous la repoussez – à vie.

Deux types de bruits peuvent entraîner une telle perte d'audition : les sons brefs, comme les explosions, et les bruits continus, comme ceux qui traversent vos fenêtres à six heures du matin parce que la municipalité a décidé de refaire le trottoir pendant les six prochains mois. Ces deux types de bruit peuvent endommager les cellules ciliées extrêmement sensibles de l'oreille interne et le nerf auditif.

Des expositions répétées à des bruits émis à des niveaux compris entre quatre-vingt-dix et cent quarante décibels suffisent pour ce type de dommage. Ces niveaux sont assez courants. Dans un bar ou une discothèque, le bruit peut atteindre cent dix à cent vingt décibels. Lors d'un concert, la musique peut atteindre cent vingt décibels et même cent trente décibels, presque le bruit d'un avion qui décolle... Un trafic routier soutenu peut émettre quatre-vingt-cinq décibels.

Mais la menace la plus répandue – et pourtant peu connue –, ce sont ces petits baladeurs que nous emmenons partout. Ils peuvent émettre des sons dont l'intensité dépasse cent décibels – plus qu'une tondeuse à gazon.

Bien que beaucoup de personnes aiment écouter de la musique toute la journée avec les petits écouteurs fournis avec les baladeurs, ces petits objets sont dangereux.

Dans une étude publiée en 2004 dans le journal *Ear and Hearing* (*L'Oreille et l'Audition*), le Dr Brian Fligor de la Harvard Medical School a examiné plusieurs casques et a découvert que plus ils sont petits et plus le son qu'ils émettent est fort à un réglage de volume donné.

Comparé à des casques plus grands qui couvrent toute l'oreille, certaines oreillettes, comme celles vendues avec les baladeurs, émettent un son plus fort de neuf décibels. Cela peut ne pas sembler énorme mais, comme les décibels sont mesurés sur une échelle logarithmique, cela peut représenter la différence entre le bruit émis par un réveil et celui émis par une tronçonneuse.

L'autre problème, c'est que les oreillettes qui sont vendues avec les baladeurs bloquent moins bien le bruit ambiant que les écouteurs plus grand, ce qui pousse les utilisateurs à monter le volume.

Vous m'entendez ?

LE BRUIT PEUT-IL DÉCLENCHER DES CRISES CARDIAQUES ?

Cela fait longtemps que les chercheurs pensent qu'une surexposition aux bruits quotidiens – les sirènes, le brouhaha du bureau, le trafic – peut entraîner une augmentation de la pression sanguine et avoir un effet néfaste sur la santé. Vous rappelez-vous l'irritation ressentie quand un camion poubelle passe devant votre maison ou quand vous entendez le bruit d'un marteau piqueur ? Pensez aux conséquences que cette irritation peut avoir sur toute une vie.

La réaction physiologique en chaîne qui se produit à l'occasion d'un bruit intense et oppressant ressemble plus ou moins à celle-ci : le bruit déclenche d'abord une réaction physiologique – de la colère, du stress ou de la peur, par exemple – qui fait monter en flèche le taux d'adrénaline et d'autres hormones qui font transpirer. Cela fait augmenter la pression sanguine, le niveau de lipides du plasma et, en fin de compte, le risque de maladie cardiovasculaire.

Comme dans quasiment tous les domaines, il semble que les conséquences du bruit sur le corps des femmes et des hommes soient différentes et même que deux personnes réagissent très différemment. Personne ne sait exactement pourquoi. La génétique et la personnalité jouent certainement un rôle, qui est peut-être lié à la façon dont les femmes et les hommes réagissent en général aux épreuves émotionnelles. Les hommes, par exemple, courent plus de risques d'avoir une crise cardiaque quand ils sont stressés car ils libèrent des hormones comme la testostérone, qui amplifie la réaction en chaîne qui fait monter la tension et le niveau de lipides dans le sang. Par contre, les femmes, lorsqu'elles sont stressées, libèrent des hormones comme l'ocytocine, qui a un effet calmant et apaisant.

À un niveau scientifique plus élémentaire, peu d'études réalisées par le passé ont établi un lien entre une exposition constante au bruit de toutes sortes et une élévation du risque de maladie cardiaque.

Une des études les plus intéressantes fut publiée dans l'*European Heart Journal*. Elle s'est intéressée au niveau du bruit environnemental et professionnel auquel quatre mille personnes – dont la moitié avait survécu à une crise cardiaque – étaient exposées et a découvert qu'une exposition chronique au bruit était responsable d'une augmentation « faible à modérée » du risque de crise cardiaque après ajustement des facteurs comme le tabagisme et l'âge. (D'autres études sont allées plus loin et ont découvert que les personnes qui portaient des protège-tympans au travail couraient un risque plus faible que leurs collègues qui n'en portaient pas.)

Pour ce qui est du grondement et du brouhaha du trafic et des autres bruits environnementaux, le risque augmente chez les femmes d'un facteur trois et chez les hommes de près de 50 %. De même, les femmes ne semblent pas affectées par un haut niveau de bruit au bureau alors que cela fait augmenter le risque d'un tiers chez les hommes.

Les explications ne sont pas simples mais certains scientifiques pensent que les femmes s'adaptent plus facilement aux types de bruit courants au travail : les conversations, les bavardages et les disputes occasionnelles. Une fois encore, on n'a pas vraiment de moyen de le confirmer. Il s'agit d'une hypothèse, c'est-à-dire l'équivalent scientifique d'une supposition. Traduction : votre théorie est aussi bonne que la mienne.

LES MICRO-ONDES TUENT-ILS LES NUTRIMENTS DES ALIMENTS ?

On en trouve dans presque toutes les cuisines, les restaurants et les entreprises mais beaucoup de gens craignent encore que le rayonnement émis par les fours à micro-ondes puissent nuire aux bienfaits des aliments en détruisant toutes sortes de vitamines et de nutriments.

Il faut mettre cette croyance sur le compte de l'éternelle méfiance envers tout ce qui suggère les termes *nucléaire* et *rayonnement*. On associe les lignes à haute tension au cancer, les téléphones portables aux tumeurs cérébrales et les réacteurs nucléaires à de graves dangers. Il n'est pas étonnant donc que les fours à micro-ondes subissent le même traitement. On m'a même déjà demandé si le fait de se tenir à proximité d'un four à micro-ondes pouvait donner le cancer (non).

Les diatribes anti micro-ondes pullulent sur Internet. Elles disent toutes la même chose : les micro-ondes détruisent les vitamines au cœur des aliments. Un site Internet populaire prétend que manger des aliments cuits au four à micro-ondes fera monter votre cholestérol, baisser votre taux d'hémoglobine et « déstabilisera » vos cellules – à peu près tout sauf vous faire pousser des cornes.

Sachant que les micro-ondes chauffent les aliments en faisant vibrer leurs molécules d'eau – c'est-à-dire à peu près ce qui se produit dans un four traditionnel –, cela semble un peu exagéré. Et un regard rapide vers la science montre que les micro-ondes ont peu (ou pas) d'impact sur les qualités nutritionnelles.

C'est certain, toutes les méthodes de cuisson peuvent détruire les vitamines et les autres nutriments des aliments. Les facteurs qui permettent d'évaluer l'étendue des dégâts sont : la durée de cuisson, la quantité de liquide consommée et la température de cuisson. Comme les fours à micro-ondes font en général moins chauffer les aliments que les fours traditionnels et raccourcissent le temps de cuisson, ils ont en général moins d'effets destructeurs.

Les nutriments les plus sensibles à la chaleur sont les vitamines hydrosolubles comme l'acide folique et les vitamines B et C, que l'on trouve généralement dans les légumes.

Lors d'études menées à l'université Cornell aux États-Unis, des scientifiques ont examiné les effets de la cuisson sur les vitamines hydrosolubles dans les légumes et ont découvert que les épinards conservaient presque tout leur folate quand on les cuisait au micro-ondes mais en perdaient 77 % quand on les cuisait sur une plaque. Ils ont également découvert, à leur grande surprise, que le bacon cuit aux micro-ondes contenait des niveaux significativement inférieurs de nitrosamines cancérigènes par rapport au bacon cuit de façon « traditionnelle ».

En ce qui concerne les légumes, les faire cuire aux micro-ondes ne pose problème que si l'on ajoute de l'eau, qui accélère énormément la perte de nutriments. Une étude de 2003 publiée dans le *Journal of the Science of Food and Agriculture* a découvert que le brocoli cuit au four à micro-ondes – et plongé dans l'eau – perd entre 74 % et 97 % de ses antioxydants. Quand il est cuit à la vapeur ou sans eau, le brocoli conserve la plupart de ses nutriments.

PRENDRE L'AVION FAIT-IL AUGMENTER LE RISQUE DE FAUSSE COUCHE ?

Sauter dans un avion et voler pendant plusieurs heures est plus désagréable que dangereux pour la santé. Mais, pour une femme qui voyage pour deux, les risques sont-ils plus élevés ?

Les scientifiques spéculent depuis des décennies sur l'augmentation des risques de complications de la grossesse due à l'avion, argumentant que le faible niveau d'oxygène, l'exposition accrue aux rayonnements et les autres conditions qui règnent dans un avion peuvent nuire au fœtus. Certains soupçonnent que cela pourrait même entraîner des malformations congénitales. (Trois ou quatre heures de vol vous exposent par exemple à autant de rayons X qu'une radio des poumons.)

Aux siècles passés, cela n'aurait jamais été un problème. Pour des raisons de sécurité, les neuf mois de la grossesse étaient souvent considérés comme un « temps de confinement », une période où les femmes arrêtaient de travailler, restaient à la maison et coupaient tous liens sociaux. À cette époque, il était impensable qu'une femme fasse de longs déplacements dans une carriole (et encore moins dans les airs !).

Aujourd'hui, cela n'arriverait jamais. Pour beaucoup de femmes, avoir un bébé signifie insérer les nausées matinales, les quelques visites supplémentaires chez le médecin et les quelques semaines de congé maternité dans un emploi du temps déjà très chargé. Selon les enquêtes, bien que beaucoup de femmes enceintes craignent les effets potentiels de l'avion sur leur bébé, beaucoup d'entre elles pensent qu'elles n'ont pas d'autre choix que prendre l'avion surtout si elle risque leur carrière.

Heureusement, les femmes qui engrangent les points de fidélité pendant leur grossesse peuvent le faire sans crainte. Plusieurs études ont analysé de près les voyages aériens et les risques de complications et aucune n'a jusqu'ici découvert un lien solide. Une des plus complètes, publiée en 1999, s'est intéressée à des femmes qui volent plus que toutes les autres : les hôtesses de l'air.

Entre 1973 et 1994, l'étude, publiée dans le *Journal of Occupational and Environmental Medicine* (*Journal de médecine du travail et environnementale*), a examiné les dossiers médicaux et l'activité de mille sept cent cinquante et une hôtesses de l'air enceintes. Bien qu'elle n'ait pas découvert une augmentation du taux de complications, elle a découvert que les hôtesses qui travaillaient pendant les premiers temps de leur grossesse avaient un risque un peu plus élevé de fausse couche que celles qui avaient pris des vacances.

Mais on ne sait pas vraiment s'il faut mettre en cause un stress excessif ou d'autres facteurs. Une autre étude publiée un an plus tôt, par exemple, a montré que, si les hôtesses de l'air enceintes qui travaillaient beaucoup avaient un risque plus élevé de faire une fausse couche que celles qui prenaient des vacances, elles ne couraient pas plus de risques que les autres femmes qui continuent à travailler (environ 10 % à 20 %).

Après avoir passé en revue des années de recherche, l'American College of Obstetricians and Gynecologists a émis un rapport en 2001 indiquant que l'exposition moyenne aux radiations pour une femme enceinte prenant l'avion était minime et qu'il était improbable que la baisse de la pression en cabine affecte l'alimentation du fœtus en oxygène. Il recommande néanmoins aux femmes de ne pas prendre l'avion au-delà de leur trente-sixième semaine de grossesse – non pas parce que le bébé court un risque à partir de ce moment-là mais parce qu'elles risquent d'accoucher dans l'avion.

LES PLACES À L'ARRIÈRE D'UN AVION SONT-ELLES LES PLUS SÛRES ?

D'accord. Il va falloir supporter le bruit des réacteurs, les allées et venues aux toilettes et, bien sûr, la désagréable perspective d'être le dernier ou la dernière à sortir de l'avion. Mais j'ai toujours entendu que voyager en classe éco avait quand même des avantages.

Aussi irritant que cela puisse être, être assis(e) au fond de l'avion est soi-disant un bon moyen de faire baisser la probabilité d'être blessé(e) dans un accident. Oublions un instant combien il est peu probable de survivre à un accident grave où que l'on soit assis(e). Certains affirment que la partie arrière de l'avion est théoriquement plus sûre que l'avant car les avions tombent toujours le nez en avant (avez-vous déjà vu un avion s'écraser à pleine vitesse la queue en avant ?). D'autres affirment que les sièges au niveau des ailes sont les plus sûrs, ce qui est logique du point de vue de l'ingénierie car la structure est renforcée à cet endroit.

Ou peut-être s'agit-il d'autre chose encore. Peut-être ceux d'entre nous qui se trouvent relégués en classe éco ont-ils besoin de se consoler en passant devant les regards froids et snobs des privilégiés de la classe affaire. Je l'avoue, c'est parfois mon cas. (« Profitez bien de cette place pour les jambes et de votre coupe de champagne, messieurs, dames. Si l'avion tombe, vous serez aux premières loges. »)

Quelle qu'en soit la raison, aucun fait ne vient étayer l'idée qu'une partie de l'avion est plus sûre que les autres. Croyons-en Todd Curtis, un expert en sécurité aérienne auteur d'un livre sur la sécurité aérienne *Understanding Aviation Safety* (*Comprendre la sécurité aérienne*). Curtis porte des lunettes, il a l'air intelligent et ressemble au sympathique présentateur de la météo du matin mais il possède une base de données détaillée, absurde et presque inquiétante des accidents aériens (http://www.airsafe.com, site en anglais) qui répond à toutes sortes de questions sinistres (et moins sinistres) sur les voyages en avion.

Il n'y a parfois pas de réponse simple. En se penchant sur les détails des nombreux problèmes aériens depuis des décennies, on s'aperçoit que chaque crash est unique et implique tellement de variables – l'avion s'est-il cassé, a-t-il pris feu, y a-t-il eu une collision en l'air, s'est-il abîmé en mer ? – qu'il est impossible de dire si un siège est plus sûr qu'un autre.

Dans certains pays, aucune agence ne mène d'enquête approfondie après chaque accident. Et, même avec une information détaillée, comme le plan d'occupation des sièges, il est difficile de dire si les passagers étaient debout ou assis au moment de l'impact.

Il y a de nombreux accidents auxquels seuls les passagers de devant ont survécu, comme celui impliquant un vol régional dans le Kentucky, qui tua tous les passagers sauf un copilote dans le cockpit. Inversement, il y a de nombreux crashs auxquels seuls les passagers arrière survécurent. C'est par exemple le cas du Boeing-737 qui s'est écrasé la tête la première dans la rivière Potomac à Washington en 1982, tuant soixante-quatorze des soixante-dix-neuf passagers. Quelques passagers arrière purent survivre car la queue de l'appareil fut la seule à rester émergée quelques minutes après l'impact.

« Si j'étais sûr que l'avion allait s'écraser, alors le siège le plus sûr serait hors de l'avion », me dit un jour Curtis en plaisantant à moitié. « Car la seule façon de dire quel siège est techniquement le plus sûr est de connaître la configuration dynamique du crash. »

Que *peut*-on donc faire pour améliorer ses chances de survivre ? La plupart des accidents ont lieu quand les avions ont entamé leur descente, approchent de la piste, au moment de l'atterrissage (environ 60 %) ou au moment du décollage et de l'ascension (35 %). Curtis affirme donc qu'il est plus sûr de voler sans escale, ce qui réduit l'exposition à ces phases de vol à risque. Un vol unique sans escale est plus sûr que plusieurs vols courts, même s'il dure six heures.

Les gros appareils sont plus sûrs que les petits, en grande partie parce qu'ils sont soumis à une réglementation plus stricte mais aussi parce que leur plus grande structure leur permet d'absorber l'énergie de l'impact. Le pourcentage d'accidents qui ont coûté la vie à tous leurs passagers est plus élevé pour les petits avions que pour ceux qui transportent plus de trente passagers.

LES TÉLÉPHONES PORTABLES DONNENT-ILS VRAIMENT DES TUMEURS AU CERVEAU ?

Si vous êtes comme la plupart des gens, vous vous êtes certainement demandé(e) si vous regretterez un jour les nombreuses heures que vous passez votre téléphone portable à l'oreille. Ou vous faites peut-être partie des 20 % de personnes qui n'ont pas de téléphone portable. Dans ce cas, vous n'êtes peut-être pas opposé(e) à ce que tous ceux dont vous avez subi les conversations téléphoniques s'en mordent un peu les doigts.

Dans un cas comme dans l'autre, la théorie qui sous-tend l'affirmation selon laquelle les téléphones portables donnent des tumeurs au cerveau tient la route. Les téléphones cellulaires émettent un rayonnement à basse énergie, des « ondes radio », et rien dans le monde n'est autant lié au risque de cancer que l'exposition aux rayonnements. Et n'oublions pas que, au moment même où les téléphones portables surgissent un peu partout comme des fourmis à un pique-nique, il semble que le nombre de cancers du cerveau augmente.

Qu'en est-il ? En réalité, le type d'ondes émises par les téléphones portables est bien moins nocif que les puissants rayonnements ionisants auxquels nous exposent des sources plus traditionnelles, comme les rayons X des radiographies. Les rayonnements émis par les téléphones portables sont similaires à ceux émis par les fours à micro-ondes (considérés comme sans danger) utilisés pour cuire les aliments et ils sont libérés en plus faibles quantités sur des périodes plus longues.

La question fondamentale est donc de savoir si des niveaux de rayonnements minimes dirigés vers notre tête pendant de longues périodes peuvent faire des dégâts.

Pour de nombreuses personnes, c'est le cas. Aux États-Unis, David Reynard, un homme d'affaires de Floride qui travaillait dans l'industrie des télécommunications, à ces débuts, fut le premier à porter plainte contre l'industrie du téléphone mobile, affirmant au début des années 1990 que sa femme avait développé une tumeur cérébrale à force d'utiliser son téléphone portable. Puis, quelques années plus tard, Chris Newman, médecin – et neurologue – à Baltimore diagnostiqua la cause de son propre cancer du cerveau. Il porta plainte contre Motorola, réclama 800 millions de dollars et argumenta que sa tumeur cérébrale s'était développée à l'endroit exact où le rayonnement de son téléphone portable avait pénétré son cerveau.

Il est important de noter que ces deux plaintes furent rejetées pour manque de preuves. Et il semble de plus en plus probable que la peur dont ils ont favorisé la propagation connaîtra un sort similaire car, d'après les données scientifiques, elle n'est pas fondée.

Il y a deux types de preuves : des études épidémiologiques sur les humains et des études plus directes sur les animaux. En laboratoire, les scientifiques ont découvert que les ondes radio dont la fréquence est supérieure à 2 000 mégahertz peuvent dégrader les brins d'ADN des animaux et entraîner des mutations cancéreuses. Mais la plupart des téléphones mobiles opèrent à des fréquences bien plus faibles, entre 800 et 1 900 mégahertz (et en général dans la partie basse de ce spectre). Et, bien que quelques études aient trouvé un lien entre l'utilisation de télé-phones portables et le cancer, un plus grand nombre d'études n'en ont trouvé aucun.

En 2000, une étude menée par le National Cancer Institute aux États-Unis sur près de huit cents patients souffrant de tumeurs cérébrales a découvert qu'ils n'avaient pas plus utilisé leur téléphone portable que les sujets sains. Ceux qui ont le plus utilisé leur téléphone portable n'avaient pas un taux de cancer plus élevé et les tumeurs n'avaient pas plus de chances de se développer du côté de la tête où ils tenaient leur téléphone que de l'autre. Une autre grande étude publiée la même année dans le *New England Journal of Medicine* eut des résultats similaires, de même qu'une étude danoise plus importante menée sur des milliers d'utilisateurs de téléphones portables. Et une autre étude, publiée en 2006, n'a mis en évidence aucun lien après avoir comparé des centaines de per-sonnes souffrant de tumeurs cérébrales à des milliers de per-sonnes saines et alla même plus loin : elle étudia les relevés téléphoniques pour s'assurer que les déclarations des sujets sur la fréquence et la durée d'utilisation de leur téléphone étaient exactes.

L'US Food and Drug Administration, qui réglemente les émissions de rayonnement pour certains appareils électroni-ques aux États-Unis, a affirmé qu'il n'y avait pas de preuves scientifiques liant les téléphones portables à des problèmes de santé. D'autres agences qui ont passé les preuves en revue ont formulé des conclusions similaires. Il semblerait que ce que l'on peut faire de plus dangereux avec son téléphone, c'est de conduire en téléphonant.

Mais, comme les téléphones portables sont relativement récents, la plupart des études ont étudié l'utilisation des télé-phones portables sur une période de quelques années seule-ment et non sur plusieurs décennies. Une des raisons pour lesquelles ce débat n'est pas clos, c'est qu'il est technique-ment trop tôt pour exclure des risques à plus long terme.

Mais, si parler sur votre téléphone portable vous rend nerveux, vous pouvez prendre certaines mesures pour limiter les risques :

- Débarrassez-vous de votre téléphone. Cela perturbera votre vie sociale mais pensez à ce que vous pourrez faire avec les trente ou cinquante euros que vous économiserez chaque mois sur vos factures de téléphone.
- Utilisez un kit mains libres pour éloigner votre téléphone de votre tête.
- Évitez d'utiliser votre téléphone quand il cherche le réseau ou quand le signal est faible car votre téléphone a plus de mal à établir la connexion et envoie donc plus de rayonnement.
- Si votre téléphone est équipé d'une antenne, déployez-la autant que possible : la plupart du rayonnement se concentre au milieu de l'antenne.

L'US Federal Communications Commission[1] a mis en place un site Internet (en anglais) sur lequel vous pouvez trouver le niveau des radiations émis par votre téléphone portable ou votre appareil sans fil : http://www.fcc.gov/oet/rfsafety/.

---

1. Équivalent américain de l'ARCEP (Autorité de régulation des communications électroniques et des postes), anciennement ART (Autorité de régulation des télécommunications) (NDT).

10. Les grands espaces

Les requins, les ours et le blizzard

C'est l'été, il fait beau et vous partez en week-end nature. Vous avez l'intention de camper, de pêcher, de faire du VTT sur les petits chemins et peut-être d'aller à la plage et de vous baigner. Vous avez votre trousse de premiers secours, vos chaussures de randonnée, votre couteau suisse et une bonne carte. Si vous êtes un(e) citadin(e) comme moi, vous emmenez peut-être également une bonbonne de répulsif pour insectes, votre téléphone portable, un appareil photo numérique et assez de fruits secs pour une semaine – au cas où vous vous perdriez.

Vous pensez être prêt(e) mais c'est sans doute loin d'être le cas.

Parfois, même les campeurs et les randonneurs les plus aguerris se blessent ou se retrouvent face à des obstacles que Dame Nature met sur leur chemin et ne savent pas quoi faire. La plupart des études montrent en fait qu'environ 80 % des personnes qui pratiquent des activités d'extérieur – de la randonnée à cheval au camping – connaissent de fréquentes mésaventures lorsqu'ils pratiquent leur activité. La plupart finissent par commettre une erreur qui ne fait qu'empirer la situation. Souvent aussi, ils ont suivi une règle bien connue ou une remarque désinvolte sur la conduite à tenir en cas d'urgence – et ce conseil s'est avéré mauvais.

Je fais définitivement partie de cette catégorie. Ayant grandi dans le béton de Manhattan, les pigeons et les chats errants sont pour moi des animaux sauvages. Aller à la campagne signifit prendre ma voiture et sortir de la ville et un aventurier est quelqu'un qui passe beaucoup de temps à Central Park.

Quand arriva le moment de rencontrer Dame Nature, ma connaissance de la marche à suivre en cas d'urgence se résumait à quelques trucs que j'avais appris en regardant *MacGyver*

et en suivant des soit-disant conseils médicaux qui auraient dû être démontés il y a longtemps.

Lorsque j'avais dix ans, je suis partie en colonie de vacances et lorsqu'un de mes amis fut mordu par un serpent, la première chose qui me vint à l'esprit fut : « Aspire le poison et fais un garrot. » Quand je me faisais piquer par une abeille, je prenais toujours une carte de crédit et je grattais doucement le dard en prenant soin de ne pas appuyer dessus pour ne pas libérer plus de venin. Et, quand un de mes amis de l'université qui vit à la campagne vint me rendre visite à New York et découvrit qu'une tique était remontée le long de sa jambe et s'était installé au niveau de son entrejambe, je cherchai une aiguille et un briquet. (J'avais auparavant rigolé pendant une bonne minute. Puis je m'étais mis à chercher une solution.)

Et puis il y a tout ce temps passé au bord d'une piscine à regarder ma montre et à attendre d'avoir fini de digérer mon repas du midi avant d'*enfin* pouvoir me mettre à l'eau…

Je vais donc essayer, dans les pages qui suivent, de rectifier certaines des choses que nous avons entendues sur les activités de plein-air et qui sont discutables, incomplètes, ou tout simplement fausses. On ne sait jamais, cela pourrait vous servir un jour.

LES MOUSTIQUES PIQUENT-ILS PLUS CERTAINES PERSONNES QUE D'AUTRES ?

Personne ne les invite mais ils reviennent tous les ans. Ils apparaissent près des plans d'eau, viennent sur nos chevilles et nos bras pour faire un festin et déclenchent de fatigantes séances d'applaudissement et de vaporisation – enfin, si vous faites partie des malchanceux. (Et je ne parle pas des naufragés de la série *Lost*.) Les moustiques attaquent tout ce qui a un pouls; ça, on le sait. Mais asseyez-vous dans l'herbe avec quelques amis un soir d'été et vous verrez que certaines personnes sont plus attaquées que d'autres.

Je me considère comme un malchanceux. Si je suis dans une pièce avec dix personnes, si un moustique est là, je suis sûr qu'il me choisira. Encore pire, comme je suis attaqué sans relâche, les autres à côté de moi sont totalement épargnés. C'est insupportable.

Pourquoi ces petits suceurs de sang trouvent-ils certains d'entre nous à leur goût alors qu'ils ignorent les autres ? Il s'avère que nous émettons tous des odeurs et des produits chimiques qui attirent les moustiques. Certains d'entre nous les masquent simplement mieux que les autres.

Les femelles moustiques – les seules à piquer – sont attirées par le dioxyde de carbone que nous exhalons, notre chaleur corporelle et des composés chimiques présents dans notre sueur, comme l'acide lactique. De toute évidence, tous les humains ont cela en commun, de même que les animaux à sang chaud. Mais les scientifiques ont découvert que les personnes immunisées contre les piqûres de moustique produisent une douzaine de composés chimiques qui empêchent les moustiques de les détecter ou les repoussent. Ceux comme moi, qui se font fréquemment piquer, ne sécrètent pas ces composés qui pourraient masquer leur odeur.

Les scientifiques britanniques l'ont découvert pour la première fois il y a des années en menant des recherches sur le bétail. En observant différents troupeaux, ils remarquèrent que le nombre de parasites présents dépendait de la présence de certaines vaches. Quand ils déplaçaient ces vaches vers un autre troupeau, les parasites les suivaient. Les chercheurs ont finalement découvert que ces vaches émettaient des odeurs distinctes. Ils confirmèrent ensuite le même phénomène chez les humains.

On ne sait pas encore pourquoi certaines personnes et animaux possèdent ce bouclier intégré. Il y a peut-être eu à l'origine un but évolutionniste crucial, comme nous protéger de la malaria et d'autres maladies transmises par les moustiques.

Mais ne soyez pas désespéré(e) si vous n'avez pas ce bouclier. Vous pouvez vous rendre moins attractif/ve en utilisant des déodorants, des savons et des lotions sans odeur. Les produits antimoustiques contenant du diéthyltoluamide (DEET) peuvent également faire la différence. Une étude publiée dans le *New England Journal of Medicine* en 2002 a découvert que les sprays contenant du DEET, même en faible quantité, protègent les personnes qui les portent pendant une période allant jusqu'à cinq heures alors que des bracelets ou des sprays contenant de la citronnelle ne protègent que pendant dix minutes environ.

Vous avez peut-être également entendu les histoires de bonnes femmes affirmant que l'on peut repousser les moustiques en mangeant de l'ail, des bananes ou d'autres aliments. Ne les croyez pas. Aucune preuve ne vient étayer ces affirmations. Mieux vaut vous entraîner à manier la tapette à moustique, comme moi. Ou mettez un peu de miel sur la peau de votre voisin(e). Il ou elle saura alors assez vite à quoi ressemble la frénésie d'un moustique assoiffé de sang.

LES PUCES SE GLISSENT-ELLE SOUS NOTRE PEAU AVANT DE MOURIR ?

Les morsures prennent d'abord la forme de petits points rouges sur le bras ou la jambe. Assez vite, elles se transforment en un amas de zébrures qui relègue une piqûre d'abeille au rang d'une petite piqûre d'épingle. La douleur est tellement vive et dure si longtemps que beaucoup de victimes pensent que les parasites se sont simplement glissés sous leur peau pour y mourir.

Mais ce que la plupart des gens pensent savoir sur les puces est faux.

Le mythe sur les petits insectes rouges, qui sont plus actifs en été, provient de leur ressemblance avec des parasites appelés (puces-)chiques, qui creusent effectivement notre peau. Ils sont tellement microscopiques (ils sont plus petits que le point à la fin de cette phrase) que leur victime ne les voit jamais.

Comme la plupart des insectes, les puces ne peuvent percer qu'une peau fine et c'est la raison pour laquelle elles ont tendance à attaquer aux genoux, aux chevilles et aux hanches. Elles ne se nourrissent pas de sang ; elles utilisent plutôt de puissantes enzymes pour dissoudre les cellules et former une sorte de tube d'alimentation, appelé stylostome, pour aspirer les tissus liquéfiés.

C'est cette paille humaine qui reste enchâssée pendant des semaines et qui cause de telles souffrances, même bien après la chute de l'insecte.

Prendre un bain chaud après avoir passé du temps dans l'herbe est en général un bon moyen d'empêcher les puces d'attaquer. Mais, une fois que le premier bouton apparaît, quasiment aucun soulagement ne peut soulager la victime à part des lotions ou des anesthésiques locaux. Il peut être utile de vous rouler en boule sur votre canapé et de hurler pendant que vos amis vous regardent et rigolent – en tout cas, c'est ce qu'on m'a dit.

PEUT-ON RETIRER UNE TIQUE EN LA BRÛLANT ?

Avez-vous déjà remarqué une petite bosse sur votre peau avant de découvrir que ce que vous pensiez être un peu de saleté est en fait une tique ? Pour la plupart d'entre nous, c'est à peu près la seule occasion où il nous vient à l'esprit d'exposer notre bras ou notre jambe à une flamme nue.

La méthode scout et les livres de premiers secours sont pleins de méthodes bizarres pour retirer une tique : tremper l'insecte dans de l'eau savonneuse ou l'étouffer avec de la vaseline et l'enlever avec une aiguille chauffée. Quand mon ami découvrit ce tique à proximité de son entrejambe, il lut toutes les méthodes mentionnées ci-dessus les unes après les autres en poussant des cris de désespoir. Il se mit à trembler de panique mais la tique ne bougea pas d'un pouce.

Bien que la sagesse populaire suggère que faire griller la tique soit la méthode la plus efficace pour la retirer, les études révèlent que cette méthode peut en fait être la pire. En effet, si soumettre la tique par le feu peut vous aider à la faire sortir plus tôt, cela peut surtout aggraver le pronostic.

Retirer la tique le plus vite possible est essentielle car la probabilité de contracter la maladie de Lyme ou une autre infection augmente énormément après vingt-quatre heures. Mais traumatiser l'insecte avec de la chaleur ou une méthode trop brutale peut le faire régurgiter, ce qui augmente le risque qu'il transmette un agent pathogène et donc la probabilité d'infection.

En 1996, une équipe de chercheurs espagnols a rapporté que, au cours de leur étude sur une douzaine de personnes qui étaient entrées à l'hôpital pour un traitement suite à la tentative d'extraction d'une tique, ils avaient découvert que ceux qui avaient essayé de les presser, les écraser ou en les brûler couraient un grand risque de développer des symptômes de la maladie de Lyme et d'autres complications. En revanche, ceux qui avaient utilisé la bonne méthode d'extraction semblaient épargnés : saisir doucement le parasite aussi près que possible de la peau avec une pince à épiler et le retirer gentiment. Après quoi, il faut retirer les morceaux qui resteraient et nettoyer la plaie avec un désinfectant.

N'espérez pas non plus étouffer la bête avec de la vaseline ou du vernis à ongle : il pourra s'écouler des heures avant qu'elle meure d'asphyxie.

Parmi les autres méthodes qui ne marchent pas, citons la traction, la rotation, les coups et l'essence. Oui, certaines personnes ont effectivement testé ces méthodes. Et non, aucune ne semble marcher.

Quant à mon ami, aucune des techniques qu'il essaya n'eut de succès. Seul le scalpel d'un médecin permit de déloger la tique, qui était apparemment logée depuis plus d'une journée. La plaie de mon ami ne s'infecta pas mais il fut embarrassé de montrer au médecin l'endroit où la tique avait élu domicile. Pour ce dernier, ce fut une première médicale.

APRÈS UNE PIQÛRE D'ABEILLE, FAUT-IL GRATTER LE DARD POUR LE FAIRE SORTIR ?

Qu'y a-t-il de pire par une belle journée d'été, quand on pique-nique avec ses amis, que d'être piqué par une abeille ?

Tous ceux qui se sont déjà faits piquer de la sorte connaissent le choc qui l'accompagne. Quand j'étais enfant, rien ne me faisait plus peur, en particulier parce que j'ai, semble-t-il, toujours été autant un aimant à abeilles qu'à moustiques. Je me faisais toujours piquer au milieu d'une partie de chat ou de base-ball. Et cela suffisait à gâcher ma journée.

Chaque fois mes amis ou les directeurs du centre de vacances me donnaient toujours le même conseil : trouver un objet anguleux, l'appuyer sur la peau et gentiment retirer le dard. Je voulais saisir ce dard garni d'éperons planté dans ma peau et simplement l'arracher mais on m'a toujours dit de ne pas le faire. Les textes médicaux et les guides de premier secours conseillent depuis des générations de ne jamais saisir ni pincer le dard.

Cela semble logique. Comme la poche à venin est toujours attachée à l'extrémité de l'aiguillon, il semble que le fait de le presser ait le même effet qu'appuyer sur un flacon de gouttes pour les yeux, à savoir faire entrer plus de venin dans la plaie, ce qui ne ferait qu'empirer la situation et la douleur.

C'est le raisonnement classique et c'est ce que j'ai appris à croire en grandissant. Mais, mon métier de journaliste scientifique m'a conduit à découvrir que les spécialistes de l'anatomie de l'abeille remettent depuis quelques années cette théorie en question. L'analogie avec le flacon de gouttes pour les yeux n'est pas très bonne si l'on regarde de près comment un dard fonctionne. Quand on s'y intéresse, on comprend que c'est la vitesse, et non le style, qui est le plus important quand on traite une piqûre.

En fait, détail crucial, les abeilles laissent à leur victime bien plus qu'un dard et une poche à venin. Elles laissent également de grosses parties de leur abdomen derrière elles, qui contiennent des groupes de nerfs et de muscles qui déversent vigoureusement du venin dans la plaie – presque comme une valve et un piston – bien après que l'abeille soit partie. Je n'ai jamais pris le temps de regarder et je suis sûr que peu de gens l'ont fait mais, dans les dix ou vingt secondes après le départ de l'abeille éviscérée, on peut voir l'aiguillon se contracter, s'enfoncer plus profondément et libérer plus de venin.

Une étude publiée dans le *Journal of Allergy and Clinical Immunology* a provoqué des abeilles pour qu'elles piquent des disques en papier filtre et a pesé les papiers à différents intervalles de temps. Ils ont découvert que, si l'on ne touche pas à la plaie, un dard moyen libère 90 % de son venin dans les 20 secondes qui suivent la piqûre. Les victimes ont donc très peu de temps pour agir.

Une autre équipe d'entomologistes plus courageux a décidé de décrire exactement ce qui se passe avec les différentes méthodes d'extraction du dard – en devenant eux-mêmes les cobayes. Dans une étude publiée dans *The Lancet* (*Le Bistouri*), cette équipe de chercheurs intrépides et un peu sadiques fit subir à un collègue une série d'injections de venin d'abeille pour déterminer si la taille de la marque dépendait de la quantité de venin injectée dans la peau.

Passons sur le fait que l'on aurait pu aboutir à ce résultat par le seul raisonnement et le valider, même avec les critères rigoureux de la science moderne. La douleur et la taille de la marque augmentaient bien sûr avec la quantité de venin injectée.

Après cela, l'équipe choisit un volontaire pour une *deuxième* expérience. Celle-ci avait pour but de voir si le temps mis pour retirer le dard avait une influence sur la taille de la marque. Ils demandèrent au volontaire de se tenir près d'une ruche dans un laboratoire, d'attraper une ouvrière et de la frotter contre une partie de son corps jusqu'à se faire piquer. Le volontaire devait ensuite gratter les différents dards après plus ou moins de temps ou le saisir et l'arracher. Dans cette expérience insensée, le volontaire fut piqué plus de cinquante fois.

Il ne fait aucun doute que la durée est le facteur déterminant. Plus le dard restait en place longtemps, plus la marque de la piqûre était grosse – que le dard ait été gratté, pincé ou saisi. La morale de cette expérience : ne vous arrêtez pas pour réfléchir à la meilleure méthode pour retirer le dard d'une abeille. Retirez-le, c'est tout.

FAUT-IL ASPIRER LE VENIN D'UNE MORSURE DE SERPENT ?

Tout le monde, même le plus citadin des citadins, peut vous dire comment traiter une morsure de serpent. Mettez un garrot, entaillez la peau avec un couteau, aspirez le venin, recrachez-le et rappelez-vous d'être plus prudent(e) la prochaine fois.

Faux. Malgré ce que l'on peut voir à la télévision et dans les films, ce conseil est digne d'un charlatan.

Tout d'abord, mettre sa bouche sur une plaie envenimée est la dernière chose à faire. Une étude publiée dans le *New England Journal of Medicine* en 2002 a en fait montré que couper, aspirer ou essayer d'arrêter le flux de sang en direction d'une morsure fait plus de mal que de bien car cela endommage les nerfs, abîme les vaisseaux sanguins et augmente le risque qu'une infection sérieuse se développe.

Cela retarde également le traitement médical. Ce qu'il faut faire pour traiter une morsure, c'est administrer du sérum antivenin et un traitement d'urgence ; la meilleure attitude est donc d'emmener la personne mordue à l'hôpital aussi vite que possible. En général, cela ne pose pas de problème. Très peu de personnes meurent de morsures de serpents en Occident et celles qui meurent décèdent en général six à huit heures après la morsure ; vous avez donc le temps de vous rendre à l'hôpital.

On aurait du mal à exagérer l'importance d'une prise en charge médicale.

Croyons-en le Dr Barry S. Gold, professeur assistant de médecine à l'université John Hopkins et consultant sur les morsures de serpent dans les zoos et les centres antipoison. Depuis des dizaines d'années qu'il traite les morsures venimeuses de serpents, explique Gold avec un peu d'amusement, il a vu beaucoup de gens faire des choses stupides après avoir été mordus par un serpent. Certains ont utilisé des pistolets hypodermiques, des fils électriques et des batteries de voiture pour désactiver le venin inoculé par le serpent. Un homme s'est même accroché aux bobines d'un moteur de bateau en pensant qu'une bonne secousse le remettrait d'aplomb.

Inutile de dire que, quand ce corniaud est arrivé à l'hôpital, la morsure de serpent était la moindre de ses blessures.

« La seule chose à faire, c'est d'aller à l'hôpital », insiste Gold.

Entre mille et deux mille personnes sont mordues chaque année en France par des serpents vénimeux, plus de sept mille personnes aux États-Unis. Et, croyez-le ou pas, la plupart d'entre elles ont le même profil. La victime typique est un homme caucasien âgé de vingt ans à trente ans, a au moins un tatouage et est en état d'ébriété au moment de la morsure. Faites-en ce que vous voulez. Mais ceci explique sans doute cela : la plupart des attaques ont lieu quand des personnes suivent les animaux et tentent de les manipuler. En général, les serpents ne cherchent pas les ennuis.

Si vous êtes attaqué(e) et mordu(e), vous serez pris(e) de nausées, de vertiges et d'autres symptômes dans les trente minutes. Dans ce cas, il faut rester au chaud et maintenir la morsure en dessous du niveau du cœur. Ne faites rien qui augmenterait votre rythme cardiaque car cela favoriserait le passage du venin dans le sang. Allez simplement à l'hôpital en moins de quelques heures. Si ce n'est pas possible, vous pouvez utiliser un garrot mais n'essayez pas d'aspirer le venin ou d'utiliser des câbles électriques.

FAUT-IL VRAIMENT FAIRE LE MORT SI L'ON EST ATTAQUÉ(E) PAR UN OURS ?

Il y a quelques années, je passais l'été à faire du vélo dans la forêt avec des amis. Notre parcours passait par le parc national de Yellowstone aux États-Unis et un ami me rappela alors de me jeter par terre, de me rouler en boule et de faire le mort si je me retrouvais face à face avec un ours.

Oublions le fait que, si je me retrouvais nez à nez avec un ours en pleine nature, je serais pétrifié de peur et je perdrais ma capacité à réfléchir, sans parler du contrôle de certaines de mes fonctions corporelles. Pourquoi aurais-je intérêt à faire le mort ? Si l'ours est en quête de nourriture, ne lui simplifie-rais-je pas bêtement la tâche ?

Je ne me voyais pas accepter ce destin tragique; une fois rentré chez moi, je parcourus donc la littérature scientifique. Je fus étonné d'apprendre que les humains n'ont pas le monopole de la stratégie consistant à faire le mort en cas d'attaque imminente. Les scientifiques l'appellent immobilité extrême et des études montrent que beaucoup d'animaux la pratiquent, des opossums aux bisons en passant par les canards, les lapins et les serpents.

Les animaux, comme les humains, font le mort en pensant que le prédateur perdra son intérêt ou abandonnera son atta-que et commettra une erreur cruciale qui leur permettra de s'échapper. Une étude menée dans les années 1970 s'est intéres-

sée à ce qui ce produisait quand on donnait la possibilité à des renards en captivité de courir après des canards vivants. Dans tous les cas, les canards se relâchaient complètement quand le renard les attrapait. Cela tournait parfois à leur avantage. Les renards les amenaient sur leur site de stockage avant de repartir, ce qui donnait une chance aux canards rusés de s'enfuir.

Mais cela ne marcha pas souvent. La plupart du temps, cela facilita même la tâche du prédateur. De même, ce n'est pas toujours une bonne idée de jouer le mort avec un ours, en particulier car chaque espèce d'ours attaque pour des raisons différentes et réagissent différemment.

On peut en général diviser les attaques d'ours en deux catégories : prédatrices ou défensives. Elles appellent des stratégies différentes. Les ours noirs et les grizzlys[1], auxquels vous

---

1. Sous-espèce de l'ours brun, que l'on trouve dans les forêts européennes (NDT).

avez le plus de risques d'être confronté(e) en Amérique du Nord, sont capables des deux types d'attaque.

Celles impliquant les grizzlys sont en général défensives et ont lieu quand l'animal se sent menacé. Quand vous faites le mort en vous allongeant sur le ventre, en vous couvrant la tête et la nuque, vous faites savoir à l'ours que vous n'êtes pas une menace, ce qui peut le faire abandonner.

Les ours noirs, par contre, sont plus petits et plus timides que les grizzlys et fuient en général les humains. Mais, quand ils attaquent, il s'agit en général d'attaques prédatrices et faire le mort ne va pas vous sauver. Pas plus que partir en courant. En montée, en descente ou sur le plat, cela ne fait aucune différence – n'importe quel ours peut rattraper même le plus rapide des humains. De plus, courir vous fait encore plus ressembler à une proie.

Si l'ours semble en vouloir à votre nourriture, le mieux est de la déposer et de reculer. Mais, s'il continue à s'approcher, soyez agressif(ve). Hurlez, criez, tapez sur des objets ou utilisez un spray au poivre. Mettez-vous debout et levez les bras au-dessus de votre tête. Faites-vous aussi grand(e) que possible. Le National Parks Service, la National Wildlife Federation et plusieurs autres organisations s'accordent sur le fait que différentes situations nécessitent différentes réactions. Le mieux n'est pas toujours de se transformer en repas facile.

PEUT-ON ÉLOIGNER UN REQUIN EN LUI DONNANT UN COUP DE POING SUR LE NEZ ? ET A-T-IL ÉTÉ ATTIRÉ PAR CE MAILLOT DE BAIN BARIOLÉ ?

Oublions un moment combien il est improbable d'être attaqué(e) par un requin à la plage. Imaginons maintenant qu'une baignade estivale se transforme en une rencontre angoissante avec un grand requin blanc, dont le museau et les puissantes mâchoires sont à portée de votre main.

Si vous regardez suffisamment de reportages animaliers, vous entendrez peut-être qu'il faut le frapper sur le nez. D'après certaines émissions de télé, c'est la zone la plus sensible du requin et c'est donc là qu'il faut se concentrer.

À moins que vous ne préfériez vous enfuir. Malgré la croyance très répandue que le museau est le tendon d'Achille des requins, les zones les plus sensibles du prédateur sont en réalité ses yeux et ses branchies. Viser le nez, qui, d'après les experts en requins, n'est pas une zone particulièrement sensible, c'est comme essayer d'éteindre un feu avec les mains.

« Si vous ratez le museau, la bouche est dangereusement proche », note R. Aiden Martin, zoologiste et directeur du Reefquest Center for Shark Research en Colombie Britannique au Canada. « Ce n'est pas une bonne idée. »

Martin, expert en comportement des squales et passionné de plongée, sait de quoi il parle. Il a passé plus de quatorze mille cents heures à plonger dans l'océan avec des dizaines d'espèces de requins et de raies.

D'après les études, la plupart des attaques de requin se divisent en deux catégories. Il y a celles dues aux grands requins blancs, le superprédateur des mers, qui sont particulièrement dangereux en raison de leur taille et qui attaquent parfois sans provocation. Et puis il y a les attaques de tous les autres requins, qui se produisent souvent quand les animaux se sentent menacés – quand un nageur pénètre par inadvertance dans une zone où les requins se nourrissent, à proximité d'un banc de poisson, par exemple.

Mais, dans les deux cas, les attaques sont rarement mortelles. Moins de cent personnes sont attaquées par des requins dans le monde chaque année et moins d'un tiers sont tuées. Une étude publiée dans le journal *Trauma* s'est intéressée à quatre-vingt-six attaques consécutives sur les côtes d'Afrique du Sud et a découvert que 81 % des victimes souffraient de « blessure relativement mineure » et que 10 % avaient été tués.

S'il n'est pas facile de repousser une attaque, y a-t-il un moyen d'éviter qu'un requin nous voie si l'on est du mauvais côté de la barrière de corail ? Un autre conseil populaire dit de ne jamais porter de vêtements colorés dans des eaux infestées de requins car ils sont soi-disant attirés par les couleurs vives. Cette idée provient d'études menées il y a des années sur des groupes de plongeurs de la Marine et qui ont montré que ceux qui avaient des palmes colorées ou portaient des vêtements ou objets de couleurs vives couraient plus de risques d'être attaqués ou inquiétés.

Mais l'explication tient au contraste et non aux couleurs vives elles-mêmes. Comme tous les prédateurs, les requins recherchent leurs proies grâce aux caractéristiques qui les différencient du reste, un signe de blessure ou autre chose qui les rendraient plus vulnérables. Martin explique que « les requins repèrent très bien ces différences ».

Ils les repèrent en fait tellement bien qu'il y a peu de chances qu'ils confondent un nageur et un phoque, un autre mythe très répandu. Quand un requin blanc attaque un phoque, par exemple, il fonce en direction de l'animal à environ cinquante kilomètres par heure et le projette hors de l'eau avec une violence dévastatrice. Quand un requin approche d'un nageur, il le fait lentement et délibérément.

Ne vous inquiétez pas. Vous ne l'apprendrez pas en regardant le journal télévisé mais la dernière chose dont vous devez vous préoccuper quand vous êtes à la plage, ce sont les attaques de requin. Le risque de se noyer est beaucoup plus important.

FAUT-IL ATTENDRE 45 MINUTES APRÈS LE REPAS POUR SE BAIGNER ?

Pensez à toutes les heures passées chaque été au bord d'une piscine ou sur la plage à compter les minutes passées depuis le dernier repas pour éviter d'enfreindre la règle la plus fondamentale de la natation : ne jamais aller se baigner l'estomac plein.

J'ai moi-même passé des heures à m'en vouloir de ne pas avoir eu la volonté de sauter le déjeuner et de le garder pour le chemin du retour. Une seule fois, j'ai osé prendre sur moi et n'attendre que trente minutes avant d'aller me baigner. Dans l'eau, tout se passa bien. Pas de problème, pensai-je, et miracle, pas de crampes.

C'est là que j'ai réalisé que tout cela n'était qu'un mythe : ce n'est pas la peine d'attendre quarante-cinq minutes, me suis-je dit, trente minutes suffisent.

D'autres disent même qu'il faut attendre deux heures.

Mais, quand on y regarde de plus près, ce n'est pas la peine d'attendre du tout.

La théorie qui se cache derrière cette idée universellement acceptée veut que la digestion fasse augmenter le flux sanguin en direction de l'estomac – au détriment des muscles nécessaires à la nage –, ce qui donne des crampes et fait augmenter le risque de noyade.

S'il est vrai que nager avec vigueur l'estomac plein pourrait en théorie déclencher des crampes – il faut environ quatre heures pour que l'estomac se vide complètement –, pour la plupart des nageurs amateurs, la probabilité est très faible. Mais, même si vous aviez une crampe en nageant, serait-il très difficile d'agripper le bord du bassin et de sortir ou de regagner la plage ? Pas étonnant qu'au moins une étude qui a analysé les noyades aux États-Unis ait découvert que moins de 1 % des noyades se soit produit après un repas.

Pour les repas accompagnés d'un ou deux verres d'alcool, c'est différent. En 1989, une étude publiée dans le journal *Pediatrics* s'est intéressée à la noyade de près d'une centaine d'adolescents dans l'état de Washington et a découvert que 25 % d'entre eux étaient en état d'ébriété. L'année suivante, une étude menée sur des centaines de morts adultes par noyade en Californie a montré que 41 % d'entre elles étaient liées à l'alcool.

On dirait que les bars qui se trouvent au bord des piscines dans les hôtels de luxe ne sont pas une si bonne idée que ça.

FAUT-IL MARCHER OU COURIR SOUS LA PLUIE POUR ÊTRE LE OU LA MOINS MOUILLÉ(E) ?

Lorsqu'ils sont pris dans une averse sans parapluie, la plupart des gens se mettent à courir. Cette décision ne semble pas relever d'un grand effort de réflexion. Pourtant, depuis des décennies, certains affirment qu'une personne qui court est plus mouillée qu'une personne qui marche.

MOUILLÉ   UN PEU   PAS DU TOUT

Leur argument est le suivant : quand on court, on expose une plus grande partie de son corps aux gouttes de pluie. Supposons que vous vous mettiez à sprinter – ne rencontreriez-vous pas plus de gouttes, ce qui mouillerait plus l'avant de votre corps ? La plupart des gens ne considèrent pas que cette question fait partie des questions récurrentes de la science moderne. Mais, au fil des années, une petite armée de scientifiques a investi un temps et une énergie étonnants pour résoudre cette question – qui ne devrait pas se poser –, publiant étude sur étude, certaines au titre alambiqué comme « Vitesse optimale pour traverser une pluie constante » et d'autres au titre plus direct comme « Faut-il vraiment courir quand il pleut ? ».

Ces études montrent par-dessus tout l'étrange capacité des scientifiques à se saisir d'une question simple, à la disséquer sans relâche, à l'analyser encore et encore et à y trouver une réponse compliquée – au nom du savoir.

Une des premières études à analyser cette affirmation obtint plusieurs conclusions, dont la plus importante résonne comme une énigme ancienne : « Maximiser la vitesse sous la pluie minimisera l'impact des gouttes. » Traduction : passez moins de temps sous l'eau, vous serez moins mouillé(e). Le nombre de gouttes de pluie tombant sur le haut de votre corps n'est pas affecté par votre vitesse, contrairement au nombre de gouttes qui tombe sur l'avant de votre corps. En d'autres termes, il faut courir et se pencher en avant.

Ensuite, en 1987, un physicien italien détermina que, si la distance est suffisamment courte, une personne qui court sera moins mouillée qu'une personne qui marche – mais seulement de 10 %. Traduction : ça ne vaut pas le coup de courir. Cette découverte s'accorde avec une autre étude conduite par un chercheur britannique en 1995, qui affirme que le fait de marcher ou de courir ne fait aucune différence car les différentes variables se neutralisent.

Mais le dernier mot sur le sujet revient peut-être à deux météorologues du National Climatic Data Center (Centre national des données climatiques) en Caroline du Nord. Ils soupçonnaient les autres études d'avoir surestimé la vitesse de marche d'une personne et ont donc ajusté certaines variables : les effets du vent et le fait que les coureurs se penchent en avant, ce qui protège l'avant de leur corps mais en expose l'arrière.

Pour tester leurs théories de façon pratique, les deux chercheurs se sont personnellement impliqués. Ils ont attendu qu'il pleuve, mis des vêtements secs identiques qu'ils avaient auparavant pesés et ont mis des sacs en plastique sous leurs vêtements pour collecter les gouttes d'eau qui pourraient tomber. L'un a marché et l'autre a couru. Ils ont découvert que, sur une distance de cent mètres, un piéton était moins mouillé s'il courait – jusqu'à 40 % de moins.

C'est une découverte à laquelle les scientifiques ont mis des années à aboutir. Mais, après la publication de mon article sur ce grand mystère moderne, un lecteur de New York a mis l'essentiel en lumière.

« Les résultats des études scientifiques semblent suggérer, contrairement au mythe, que l'on se mouille moins si l'on court sous la pluie que si l'on marche. Je suis d'accord mais l'aspect le plus important a été oublié : courir signifie que l'on s'abrite de la pluie bien plus vite ! »

PEUT-ON VRAIMENT ATTRAPER FROID QUAND IL FAIT FROID ?

Qu'y a-t-il de pire qu'un hiver long, froid et maussade à part, bien sûr, l'intolérable vague d'éternuements et de toux qui l'accompagne invariablement ?

Pas vraiment étonnant que le lien entre les températures hivernales et le rhume peuple la littérature médicale depuis des siècles. Tout au long de l'histoire, les scientifiques ont tenté de répondre à cette vieille question, menant étude sur étude et faisant appel à des légions de volontaires courageux mais tremblants pour découvrir si l'on peut vraiment « prendre froid ».

La sagesse populaire dit oui. Si vous êtes assez téméraire pour sortir en hiver avec les cheveux mouillés, des vêtements humides ou simplement en tenue légère, alors vous subirez certainement la colère de l'hiver. N'importe quel médecin ou mère de famille vous le diront.

Mais les scientifiques insistent également depuis des siècles sur le fait que la relation entre la maladie et le froid est une illusion, affirmant que les rhumes sont plus courants en hiver uniquement parce que la météo nous pousse à rester à l'intérieur, où les germes sont nombreux et ont plus de chances de passer d'une personne à une autre.

Pour prouver cette théorie et élucider cette question qui nous semble simple comme bonjour, les chercheurs ont utilisé des méthodes extraordinaires et presque comiques. Dans les années 1950, un groupe a recruté des centaines de sujets adultes, les a exposés à du mucus infecté et les a séparés en deux groupes. Un groupe s'est assis en sous-vêtements dans une salle chauffée à 16 degrés Celsius alors que l'autre – habillé de vêtements d'hiver – fut enfermé dans un congélateur pendant quelques heures. Quelques jours plus tard, les scientifiques découvrirent que les sujets de ce deuxième groupe avaient la même probabilité d'attraper un rhume que le groupe de contrôle dans la salle chauffée.

Au fil des années, d'autres études ont essayé d'atteindre le même but de façon similaire, en forçant des volontaires exposés à du mucus infecté à déambuler dans le froid avec des vêtements mouillés, des vêtements humides, des vêtements secs, voire pas de vêtements du tout. D'autres études se sont concentrées sur les personnes avec des cheveux mouillés; d'autres encore ont demandé à des personnes de s'asseoir à des tables de jeu dans des chambres froides pour voir si c'est vraiment la proximité qui facilite la transmission du rhume.

Elles sont quasiment toutes parvenues aux mêmes conclusions : c'est la proximité et l'hygiène qui comptent, pas la température.

Mais, il y a quelques décennies, les scientifiques ont découvert la cause la plus courante du rhume – le rhinovirus – et ont commencé à étudier ses effets sur le système immunitaire. Une température basse pourrait-elle d'une façon ou d'une autre affaiblir le système immunitaire, ce qui faciliterait la tâche du rhinovirus ? Lorsqu'ils étudièrent le rhinovirus, ils découvrirent que ce n'est pas en hiver qu'il fait le plus de dégâts mais au printemps et en automne, quand le temps est humide. Comme en hiver, c'est une période où les gens restent à l'intérieur pour échapper à l'humidité.

Avec ces connaissances nouvelles, les scientifiques découvrent maintenant que la réponse à cette question n'est pas aussi claire qu'elle le fut. La tendance s'est inversée en faveur du mythe populaire et des études de plus en plus nombreuses montrent qu'une baisse de la température du corps peut effectivement favoriser le rhume. Une étude minutieuse l'a montré en 2005 en demandant à des volontaires malchanceux de mettre les pieds dans de l'eau gelée pendant de longues périodes alors que d'autres les gardaient au sec. Au cours des cinq jours suivants, 29 % du groupe qui avait eu les pieds dans l'eau ont eu mal à la gorge et le nez qui coule, contre moins de 10 % pour le groupe témoin.

L'étude, menée au Common Cold Center (Centre du rhume) au Pays de Galles, est l'une des plus convaincante à l'heure actuelle. Et elle renforce ce qui, selon les scientifiques, est aujourd'hui la théorie admise : les deux théories sur l'augmentation des rhumes quand il fait froid sont correctes. Nous avons plus de rhumes en hiver en partie parce que la météo nous pousse à rester à l'intérieur mais également parce que le froid affaiblit notre système immunitaire, ce qui nous rend plus vulnérables aux infections ou permet aux infections latentes que nous portons de se développer.

Dans tous les cas, mieux vaut rester au chaud.

L'ARTHRITE EST-ELLE SENSIBLE AU CHANGEMENT DE TEMPS ?

Nous savons tous aujourd'hui qu'un chewing-gum ne met pas sept ans à traverser nos intestins et que l'on ne peut pas rester figé quand on fait une grimace. Mais les milliers, voire les millions de personnes, qui affirment que leur arthrite fluctue avec la météo ne peuvent pas avoir tort, si ?

Comment pourraient-elles avoir tort ? C'est une affirmation qui remonte à Hippocrate, le père de la médecine, qui a inventé le terme *arthrite* et a écrit sur son lien avec la météo en 400 avant J.-C. Aujourd'hui, près de 60 % des Américains souffrant d'arthrite rhumatoïde pensent que leur état varie avec la météo ; beaucoup disent qu'ils peuvent sentir une tempête arriver.

Mais il ne faut pas oublier qu'Hippocrate pensait également que l'on souffrait d'arthrite à force de trop manger et que l'état était aggravé par la présence dans le corps de poisons qu'il fallait drainer. Si l'on demande aujourd'hui à la plupart des scientifiques, ils insisteront sur le fait que la météo n'a aucune influence sur l'arthrite, en tout cas pas plus que la danse de la pluie n'en a sur la pluie.

Peu de questions divisent autant la littérature médicale que celle de savoir si l'arthrite varie avec la météo. Des années de recherche ont donné des études à la fois contradictoires et déroutantes. Certaines ont mis au jour des associations alors que d'autres, pas. Certaines ont montré que la douleur augmente avec l'humidité ou la pression alors que d'autres ont montré le contraire. Certaines ont découvert que les variations de la météo affectent les douleurs dues à l'arthrite en temps réel alors que d'autres disent qu'il y a quelques jours de décalage.

Mais la plupart des études ont découvert qu'il n'y a aucun lien. Une équipe de chercheurs a suivi dix-huit personnes souffrant d'arthrite pendant quinze mois et n'a découvert aucune corrélation entre la douleur ressentie par les sujets et les bulletins météo locaux. Un autre groupe de chercheurs a suivi soixante-quinze patients souffrant d'arthrite rhumatoïde, a comparé les notes de leur journal pendant deux mois et demi avec les bulletins météo et a rapporté que les niveaux de douleurs annoncés étaient plus élevés les jours froids et couverts et juste après les jours de forte pression atmosphérique mais que l'effet global n'était pas statistiquement significatif.

La plupart des scientifiques pensent qu'il s'agit d'une invention de l'instinct humain, en particulier sa tendance naturelle à chercher des liens là où il n'y en a pas et à concevoir des règles pour expliquer des événements aléatoires. Si vos articulations vous font souffrir fréquemment et de façon sporadique, vous cherchez une raison et, d'après ces scientifiques, il est aisé de lier votre douleur aux événements extérieurs, en particulier quand tout le monde le fait depuis des siècles.

Mais tout le monde n'accepte pas cette explication. Il est également tout à fait possible que les changements de météo n'influencent que les rhumatismes inflammatoires, comme l'arthrite rhumatoïde, et que les études n'aient pas trouvé de lien parce qu'elles regroupent les différents types d'arthrite. Quand on considère que, dans le cas de l'arthrite rhumatoïde, la quantité de fluide lubrifiant dans les articulations augmente, il n'est pas difficile de voir en quoi la baisse de température et les variations de pression atmosphérique peuvent avoir un effet.

C'est exactement ce qu'a montré une grande étude publiée dans le journal *Rheumatology* en 2002 : elle a découvert que les patients souffrant d'arthrite rhumatoïde étaient plus susceptibles de déclarer une augmentation de la douleur les jours où la température était basse, la pression atmosphérique élevée et l'humidité forte que les personnes souffrant d'ostéoarthrite. D'autres études ont mis en lumière des liens similaires parmi les personnes souffrant de différents types de maladies inflammatoires.

À chaque fois que je discute de cette question, je pense à ce qu'une femme du New Jersey m'a écrit peu après mon premier article sur l'arthrite et la météo en 2004. Cette femme exprimait un sentiment partagé par beaucoup de gens.

« Pourquoi les médecins et les scientifiques ne croient-ils pas ce que les gens disent sur leur douleur ? C'est la même chose que cataloguer les femmes qui ont des dérèglements hormonaux comme hystériques et ne pas les prendre en considération. Il est intéressant de constater que, dans le même numéro du journal, il y avait un article sur les capacités d'écoute des médecins ou leur manque de capacités d'écoute.

Je souffre d'arthrite et j'affirme sans équivoque que la météo a une influence sur mon état et aucune étude ne pourra me prouver le contraire. »

Bien dit.

PERD-ON LA PLUS GRANDE PARTIE DE SA CHALEUR CORPORELLE PAR LA TÊTE ?

« Mets un bonnet », me disait ma mère. C'est le même avertissement que tous les parents donnent à leurs enfants avant qu'ils sortent quand il fait froid dehors. Pour beaucoup d'entre nous, cela signifiait avoir la tête momifiée avec un bonnet, un cache-oreilles et une écharpe avant de pouvoir mettre un pied dehors.

Nous savons que les intentions des parents sont bonnes quand ils nous donnent ce conseil. Mais la croyance populaire qui se cache derrière est fausse. Malgré le fait que nous ayons entendu que la moitié, la plupart, les deux tiers ou une quantité importante de notre chaleur corporelle s'échappe par notre tête quand il fait froid, ce n'est tout simplement pas vrai.

Croyez-le ou pas, ce mythe trouve son origine dans la recherche militaire. Le Dr Daniel I. Sessler, un expert en hypothermie qui a creusé le mythe, m'a expliqué avec un certain amusement que, il y a environ cinquante ans, les militaires ont décidé, pour une raison inconnue, de mener des tests sur la perte de chaleur en habillant des sujets avec des combinaisons de survie arctiques et en les exposant à des températures glaciales. En résumé, ces combinaisons couvraient tout le corps à l'exception de la tête, si bien que la plupart de leur chaleur corporelle sortait naturellement par la tête, ce que personne n'a apparemment réalisé à l'époque.

Sessler, un anesthésiste barbu, spirituel et vif issu d'une famille de scientifiques, rit en pointant l'évidence : ce n'est pas une comparaison très juste. Si vous faisiez la même expérience avec des sujets en combinaison de plongée, ils perdraient seulement 10 % de leur chaleur par la tête.

Il se trouve que la quantité de chaleur perdue par n'importe quelle partie du corps dépend en grande partie de sa surface. Plus cette surface est grande et plus elle perd de chaleur.

Quand il fait froid, vous perdrez donc toujours plus de chaleur par un bras que vous laissez nu dehors que par la tête.

Il y a une autre raison de croire que la chaleur corporelle se perd par la tête : les études ont montré que le visage, la tête et le haut de la poitrine sont cinq fois plus sensibles aux variations de température que les autres parties du corps. Cela crée l'illusion que couvrir ces parties conserve plus de chaleur mais, en réalité, couvrir une autre partie du corps réduit tout autant la perte globale de chaleur.

Quand il fait froid dehors, notre corps réagit de plusieurs façons. Dans un premier temps, les vaisseaux sanguins des bras et des jambes se contractent. Cela protège le cerveau et les autres organes vitaux du tronc mais cela rend nos doigts et nos doigts de pied vulnérables aux engelures. C'est-à-dire que notre corps sacrifie nos extrémités moins vitales. Le corps peut également se mettre à trembler, ce qui génère de la chaleur.

Nous avons également la chair de poule, même si, en raison de l'évolution, elle n'est plus d'une grande utilité. À l'époque où nous avions beaucoup plus de poils sur le corps, la contraction des petits muscles à la base de chaque poil créait une couche soyeuse et isolante qui permettait de conserver la chaleur corporelle. Contrairement aux autres mammifères, comme nous n'avons plus autant de poils sur le corps (la plupart d'entre nous, en tout cas), cela ne fonctionne plus aussi bien et nous avons juste de petites bosses sur la peau.

11. Le bonnet de nuit parfait

Une bonne nuit de sommeil

Le sommeil, comme l'écrivit un jour Charles Caleb Colton, un auteur britannique, est plein de paradoxes. Nous ne voulons pas aller nous coucher mais nous ne voulons pas nous lever non plus.

Le sommeil est peut-être une des activités les plus fondamentales mais il est également le sujet de nombreuses questions curieuses dont la plus mystérieuse de toutes est peut-être également la plus fondamentale : pourquoi au juste avons-nous besoin de dormir ?

Malgré plus d'un demi-siècle de recherches intensives sur la raison, la nature et les mécanismes du sommeil, personne, à ce jour, même le scientifique le plus brillant, ne peut expliquer son but fondamental. Nous passons un tiers de notre vie inconscients. Ne devrions-nous pas savoir pourquoi ?

Dans les annales de psychologie, aucun comportement humain – le sexe, le langage, le désir – n'a résisté avec autant de tenacité que le sommeil à la recherche scientifique.

Le sommeil est-il apparu au cours de l'évolution pour protéger les animaux, pour qu'ils soient hors de vue la nuit, quand les prédateurs rôdent ? Si c'est effectivement le cas, alors pourquoi, au lieu de seulement nous retirer du monde pendant quelques heures chaque jour, tombons-nous inexorablement dans un état où notre cerveau s'arrête ? Cela ne semble pas forcément dans l'intérêt des animaux.

Dormons-nous parce que nous avons besoin de la phase de sommeil paradoxal, le sommeil profond et réparateur qui consolide les connaissances acquises pendant la journée pour faire de la place pour de nouvelles mémoires ? Cela semblerait tout à fait logique du point de vue scientifique. Mais certaines formes de la mémoire, comme l'apprentissage par cœur ou la répétition, sont peu affectées par le sommeil. Et que faire des quatre étapes de sommeil autres que le sommeil paradoxal, celles qui semblent jouer un rôle mineur – pour ne pas dire aucun rôle – dans la consolidation de la mémoire ? Quel est leur fonction ?

Peut-être notre corps et notre cerveau ont-ils besoin du sommeil pour récupérer de l'usure et de la fatigue de la journée, d'un temps où notre corps peut se réparer et grandir. Mais cette théorie a également des défauts. On sait d'après des études que la privation de sommeil ne perturbe pas de façon dramatique les processus de réparation, pas plus qu'elle ne ralentit la croissance des muscles et des autres organes.

Il faudrait peut-être, après toutes ces années, accepter l'explication la plus simple et la plus probable au sommeil dans notre monde en mouvement constant, plein de privations de sommeil, où la stimulation est permanente : c'est un symptôme de manque de caféine.

Personne ne peut l'affirmer de façon certaine, du moins pas maintenant.

Mais, bien que la réponse à ces questions très particulières concernant le désir humain de se mettre sous la couette une fois par jour reste un mystère, des milliers d'études ont aidé à faire la lumière sur d'autres questions concernant le sommeil qui sont, pour la plupart d'entre nous, intrigantes. Beaucoup des réponses à ces questions peuvent avoir un impact profond sur notre façon de vivre.

Des questions ennuyeuses comme : trop dormir est-il mauvais ? A-t-on moins besoin de dormir quand on vieillit ? Le bâillement est-il *vraiment* contagieux ? Et, bien sûr, la question qui taraude tous les consommateurs de caféine : qu'est-ce qui contient le plus de caféine, le thé ou le café ?

QU'EST-CE QUI CONTIENT PLUS DE CAFÉINE, LE THÉ OU LE CAFÉ ?

Peut-être s'agit-il d'un reflet de notre lutte permanente pour repousser le sommeil ou simplement de l'envie d'un petit coup de fouet que nous apporte une tasse de café serré. Aux

États-Unis, plus de 80 % de la population consomment chaque jour de la caféine sous une forme ou une autre. C'est la drogue la plus consommée au monde, loin devant la nicotine et l'alcool. Certains anthropologues pensent que son usage pourrait remonter à l'âge de pierre.

Mais beaucoup de celles et ceux qui commencent leur journée par une des deux sources de caféine les plus répandues – le thé et le café – ne pourraient probablement pas vous dire lequel en contient le plus. La confusion n'est pas surprenante. À poids égal, le thé contient plus de caféine que le café. Mais, alors que cinq cent grammes de thé permet de préparer plusieurs centaines de tasses, la même quantité de grains de café permet d'en préparer moins d'une centaine, ce qui en fait un remontant plus efficace.

Selon le mélange de feuilles de thé, la marque et la durée d'infusion, une tasse de thé de vingt centilitres contient entre quinze et soixante-quinze milligrammes alors qu'une tasse de café allongé similaire en contient entre cinquante et cent cinquante milligrammes. Plus le thé infuse longtemps et plus il contient de caféine : du thé infusé pendant une minute peut contenir jusqu'à trente-cinq milligrammes pour quinze centilitres alors que du thé infusé pendant cinq minutes peut en contenir cinquante milligrammes pour quinze centilitres. Et du thé infusé pendant vingt ou trente minutes ? Qui a autant de temps devant lui, de toute façon ?

En ce qui concerne le café, des grains finement moulus infusés goutte à goutte produisent le plus de caféine. Le café préparé par percolation en contient un peu moins et le café instantané a la plus faible teneur. Mais une tasse contient néanmoins plus de caféine qu'une canette de trente-trois centilitres de cola, qui en contient environ quarante milligrammes.

Le café et le thé décaféinés contiennent, quant à eux, moins de cinq milligrammes de caféine, à peu près autant que trois centilitres de chocolat au lait. Le thé noir et le thé vert sont à peu près équivalents. Mais la plupart des buveurs de thé ne réalisent pas que le thé contient un stimulant puissant en plus de la caféine, la théophylline. Bien qu'elle soit moins puissante que la caféine, elle peut néanmoins exciter le système nerveux si elle est absorbée en grande quantité. Une tasse de quinze centilitres de thé en contient environ 1 milligramme.

Pour les personnes qui sont déterminées à prendre leur remontant quotidien sous forme de pilules, on peut trouver en pharmacie des cachets contenant jusqu'à deux cents milligrammes de caféine. Mais, quelle que soit la méthode que vous choisissez, gardez à l'esprit que des décennies de recherche ont prouvé qu'aucune quantité de caféine n'est aussi efficace qu'une bonne nuit de sommeil.

EST-IL MAUVAIS DE TROP DORMIR ?

La plupart des adultes, sans parler des adolescents, apprécient d'éteindre leur réveil et de faire la grâce matinée. Nous nous couchons tard, nous nous levons tôt, nous passons nos journées sous perfusion de caféine, à manger du sucre et à fumer cigarette sur cigarette pour tenter de rester à peu près éveillés et finir notre journée avant de recommencer le même cycle quelques heures plus tard.

On nous assure que la privation de sommeil a un impact sur le long terme. Elle a des conséquences psychologiques, fait que nous sommes fatigués, stressés et que nous prenons du poids. Qui plus est, le manque de sommeil affecte notre entourage car elle nous rend grincheux, léthargiques, irritables et augmente le risque d'accident au travail et sur la route.

Mais imaginons pendant une seconde que l'inverse soit vrai. Imaginons que les huit heures de sommeil recommandées puissent nous faire du mal. Et si trop dormir était en fait pire que de ne pas dormir assez ?

C'est exactement ce que les scientifiques soupçonnent aujourd'hui. Abandonnez l'idée que vous vous faites d'une nuit trop longue ou trop courte. Le monde de la recherche sur le sommeil a été interpellé par une étude de 2002 menée sur plus d'un million d'Américains qui mit au jour – après avoir contrôlé l'âge, le régime alimentaire, le tabagisme et d'autres variables importantes – qu'il y avait un lien entre le fait de dormir plus de sept heures par nuit et un raccourcissement de la durée de vie.

Ces découvertes firent l'effet d'une bombe. Pendant les six ans que dura cette recherche, le risque de mourir augmenta chez les personnes qui dormaient plus de sept heures par nuit. Les personnes qui dormaient plus de huit heures par nuit voyaient leur risque de mourir augmenter de 12 % et les personnes qui prenaient des somnifères avaient également plus de risques de mourir jeunes.

Six à sept heures de sommeil par nuit semblaient être la voie royale vers une longue vie.

Une seule étude qui propose des résultats inattendus comme celle-ci peut ne pas être comprise par le public, qui pense que ces résultats sont dus au hasard. Mais, depuis sa publication, plusieurs autres études, parmi lesquelles une étude du Brigham and Women's Hospital de Boston, ont abouti aux mêmes conclusions.

Les études ont également montré assez clairement que l'espérance de vie diminue lorsque la durée du sommeil passe en dessous de sept heures, bien que de façon moins importante que lorsqu'elle dépasse huit heures.

Mais l'essentiel demeure que personne ne sait exactement pourquoi le fait de dormir plus de sept heures nuit à la santé sur le long terme. Trop dormir est peut-être comme trop manger. On peut manger ou boire plus que nécessaire, manger des bonbons et boire de l'alcool et en tirer du plaisir. Mais on finit par payer le prix de ces abus, sous forme de surpoids, de maladies et d'autres problèmes de santé.

Il existe peut-être des aspects similaires inconnus du sommeil qui peuvent également travailler contre nous. Et il se pourrait aussi que trop de sommeil puisse ne pas être à l'origine de maladies mais en être la conséquence. Les personnes qui dorment plus longtemps souffrent peut-être simplement de troubles du sommeil non diagnostiqués qui causent de la fatigue – le diabète, l'apnée du sommeil, des problèmes cardiaques – et une mort prématurée. La plupart des experts du sommeil préfèrent ne pas tirer de conclusions définitives pour le moment car la relation entre un excès de sommeil et une baisse de l'espérance de vie reste aujourd'hui une corrélation. Le lien de cause à effet n'a pas été établi.

Entre-temps, il vaut peut-être mieux prendre ce lien au pied de la lettre. Considérez que c'est la façon qu'a votre corps de vous dire d'arrêter de paresser au lit et de vous lever pour profiter de la journée.

LA NUIT PORTE-T-ELLE CONSEIL ?

L'histoire suggère que des bouffées de pensée créatrice ou même la solution à un problème déconcertant peuvent survenir lors d'un travail inconscient pendant le sommeil.

Dimitri Mendeleïev a attribué sa découverte de la table de classification périodique à un rêve qui lui avait montré la place des éléments. Friedrich August Kekulé von Stradonitz découvrit la forme en anneau du benzène dans la vision d'un serpent qui se mort la queue au cours d'un moment de somnolence. Et Otto Loewi, le lauréat du prix Nobel, a affirmé que l'idée de l'expérience sur le cœur de la grenouille, qui lui valut son prix et qui prouva le concept de neurotransmission chimique, lui était venue dans un rêve.

Loewi se leva au milieu de la nuit pour noter son idée puis retourna se coucher et se réveilla quelques heures plus tard, incapable de se relire. Ce n'est que lorsqu'il se recoucha la nuit suivante que l'idée revint dans un second rêve.

« Cette fois, je ne pris aucun risque », écrivit-il plus tard. « Je me levai immédiatement, me rendis à mon laboratoire, fit l'expérience sur le cœur de la grenouille et, à cinq heures du matin, j'avais prouvé de façon concluante la transmission chimique de l'influx nerveux. »

Ces cas exceptionnels sont-ils dus au hasard ou sont-ils des exemples remarquables de la capacité qu'a le sommeil d'ouvrir les portes de la créativité ? Rejetez-les si vous voulez. Mais l'explication la plus convaincante donnée par la science est que le sommeil et les rêves ont de puissants effets sur l'organisation et le stockage des souvenirs, que l'on commence tout juste à comprendre. Notre capacité à stocker les informations dans notre mémoire – à la fois consciemment et inconsciemment – est une partie essentielle de la résolution de problèmes et il semble que le sommeil a une influence sur l'accès à ces informations.

Pendant le sommeil, le cerveau fait beaucoup d'exercice. Il consolide les souvenirs. Les choses que l'on n'a pas vues pendant la journée sont gravées dans de nouveaux souvenirs. Et les informations sont déplacées d'un stockage à court terme vers un stockage à long terme, où l'on peut les retrouver plus tard pour une tâche donnée. Les études qui s'intéressent à l'activité cérébrale pendant le sommeil et le rêve l'ont fortement suggéré mais cela a également été illustré de façon plus directe.

Une étude de 2004 publiée dans le journal *Nature* en donne un des exemples les plus probants. Dans cette étude, plusieurs groupes d'étudiants devaient s'entraîner à effectuer des tâches de mémorisation. Chaque étudiant apprenait deux règles pour convertir une chaîne de huit nombres en une nouvelle chaîne de nombres; chaque groupe fut testé une fois après l'entraînement puis huit heures plus tard. Personne ne le savait mais il y avait une troisième règle cachée qui pouvait réduire le nombre d'opérations dans le calcul et permettait de résoudre le problème instantanément.

60 % des étudiants qui purent dormir entre les deux tests trouvèrent la règle cachée. Mais seulement 22 % de ceux qui étaient restés éveillés – certains pendant une nuit et d'autre pendant une journée – la découvrirent.

Par contre, un autre groupe qui dormit huit heures sans s'être entraîné ne réussit pas à trouver l'astuce, ce qui suggère que le sommeil n'a d'effet bénéfique que si la mémoire des tâches est antérieure. Cette dernière condition de contrôle permit également d'écarter la possibilité que la privation de sommeil ou le rythme circadien puissent expliquer ces découvertes.

L'étude montra de façon assez convaincante que les nouvelles mémoires sont manipulées pendant le sommeil d'une façon qui stimule la créativité, qui se retrouve lors des phases de conscience. On ne sait pas encore quels mécanismes sont à l'œuvre ni quelles zones du cerveau sont impliquées. Les scientifiques ont appris que les tâches de mémoire explicite sont en général associées aux étapes de sommeil paradoxal. Mais quelques cas isolés suggèrent que la créativité peut provenir des rêves, qui se produisent lors de la phase de sommeil paradoxal. Il est possible que les deux contribuent au processus de manières différentes.

Quels que soient les mécanismes qui se cachent derrière le sommeil créatif, si un examen ou une présentation importants approche ou si on a un problème à résoudre, mieux vaut peut-être aller se coucher.

FAIRE DU SPORT LE SOIR EMPÊCHE-T-IL DE DORMIR ?

En cette époque où le taux d'obésité et les maladies liées à un style de vie malsain grimpent en flèche, on nous matraque qu'il faut faire du sport dès que l'on peut – même à la fin d'une longue journée de travail. Sortez votre chien et faites une petite promenade de minuit. Inscrivez-vous à un club de gym ouvert tard le soir. Faites tout ce que vous pouvez pour faire travailler votre cœur avant d'aller vous coucher.

Pourtant, la seule chose qui peut être pire que de ne pas faire d'exercice, c'est un entraînement qui perturbe le sommeil et vous garde éveillé(e) toute la nuit. Faut-il éviter de faire du sport le soir ?

La plupart des experts sportifs *et* des experts du sommeil affirment qu'il vaut généralement mieux éviter les activités physiques intenses avant d'aller se coucher en argumentant qu'il faut au moins trois heures pour que l'adrénaline et les autres hormones libérées pendant le sport retrouvent un niveau normal. Les spécialistes du sommeil sont plus préoccupés encore par le fait que l'exercice physique fait augmenter la température corporelle, qui doit baisser pour que le sommeil soit réparateur.

Mais, encore une fois, les études n'ont pas permis d'établir que le sport pratiqué le soir perturbe le sommeil. Une étude publiée en 1998 dans la journal *Physiology and Behavior* (*Physiologie et comportement*) a demandé à deux groupes d'étudiants de pratiquer une heure de sport modéré deux soirs, quatre-vingt-dix minutes avant de se coucher dans un cas et trente minutes dans l'autre.

Les chercheurs ont conclu que l'activité n'avait pas d'effet significatif sur le temps qu'il faut aux sujets pour s'endormir. Elle n'a pas non plus eu d'effet sur d'autres indicateurs de la qualité du sommeil comme la durée de sommeil et les « épisodes de réveil » au cours de la nuit. D'autres études ont eu des conclusions similaires.

Le Dr Shawn D. Youngstedt a beaucoup publié sur le sujet. C'est un professeur svelte et athlétique qui admet s'entraîner le soir et note qu'il dort toujours « très bien ». Selon, Youngstedt, faire du sport le soir peut être bénéfique pour le sommeil car l'activité physique soulage l'anxiété, fatigue et relaxe. Ses études ont également montré que l'augmentation de la température corporelle dont on a longtemps pensé qu'elle perturbait le sommeil pourrait en fait être bénéfique, en partie parce que la zone du cerveau qui participe à l'abaissement de la température du corps favorise également le sommeil.

Youngstedt fait partie des chercheurs de plus en plus nombreux qui pensent que l'heure qu'il est ne devrait jamais empêcher de faire du sport. Mais il est également clair que, comme pour les entraînements, il existe des variations individuelles. Certaines personnes feront du sport avant de se coucher et dormiront très bien. D'autres constateront que leur corps ne réagit pas aussi bien. Les personnes qui sentent que faire du sport après le repas du soir perturbe leur sommeil doivent écouter leur corps et non la science et ajuster les horaires de leurs entraînements en conséquence.

LA MÉLATONINE EST-ELLE VRAIMENT EFFICACE CONTRE LE DÉCALAGE HORAIRE ?

Certains voyageurs aux yeux vitreux feraient n'importe quoi pour lutter contre le décalage horaire. Une de mes amies qui participait à des réunions à l'étranger plusieurs fois par mois a à peu près tout essayé pour lutter contre les nuits blanches et le décalage horaire chronique – le café, les pilules de caféine, les amphétamines, les boissons énergisantes et même des médicaments sur ordonnance. Mais rien de ce qu'elle a tenté ne fut efficace sans la rendre nerveuse ; chaque jour était une lutte pour rester éveillée.

En dernier recours elle s'est tournée vers la mélatonine, l'hormone légendaire qui régule le cycle veille-sommeil chez les humains. En vain. Comme beaucoup de gens qui essaient la mélatonine, elle n'a vu aucune différence avec les pilules précédentes. En un mot, la mélatonine était inutile. Cela ne m'a pas surpris. Certaines personnes prennent de la mélatonine depuis des années et, pour résumer, les millions de personnes qui l'ont essayée sont globalement divisées. Certains disent qu'elle ne sert à rien; d'autres ne jurent que par elle.

Mais le débat pour ou contre la mélatonine est plus complexe, comme le montrent un grand nombre d'études. Je ne connais pas d'autre pilule en vente libre aux États-Unis destinée à combattre la somnolence qui ait été étudiée d'aussi près. Pourtant, la littérature médicale reste divisée et désorientée.

Des dizaines d'études ont essayé de déterminer si la mélatonine peut soulager les symptômes du décalage horaire. Certaines ont découvert qu'elle peut être utile à faible dose et d'autres ont conclu qu'elle ne faisait pas mieux qu'un placebo. Mais il se trouve que toutes ces études ont un gros problème en commun : elles n'ont pas pris en compte les petits tracas liés aux voyages en avion, qui nous touchent différemment et qui sont, sous bien des aspects, distincts du décalage horaire.

Les études ont montré que prendre de la mélatonine aide à remettre les rythmes corporels d'aplomb mais elle ne peut pas soulager les symptômes du décalage horaire qui proviennent de la contrainte du voyage lui-même – se bousculer dans des aéroports bondés, être confronté(e) aux équipes de sécurité, les repas peu diététiques, les variations de climat soudaines ou la perspective de rencontrer des nouveaux clients. Tout cela contribue de façon importante à la fatigue et aux troubles du sommeil.

Le Dr Michael Terman, un expert du sommeil au New York State Psychiatric Institute, est un des nombreux scientifiques qui ont étudié le sujet et il reste quelque peu perplexe. Terman explique que le vrai problème est la confusion concernant la définition du décalage horaire.

« On ne peut pas dire que tous les symptômes du décalage horaire sont dus de façon univoque à une perturbation du rythme circadien », observe-t-il. « On voit par exemple que certaines personnes qui voyagent sur de grandes distances se plaignent à peine du décalage horaire bien que leurs horloges internes subissent un changement marqué. »

Mais un consensus émerge. Malgré les différences individuelles, il existe une technique pour lutter contre le décalage horaire approuvée par la plupart des études et des chercheurs que j'ai rencontrés. Elle est fondée sur le fait que la mélatonine, contrairement à la caféine ou la nicotine, est une hormone à action lente et pas un stimulant. Elle ne vous réveillera pas plus qu'elle ne vous fera dormir. Il est inutile de la prendre dans l'avion et d'attendre qu'elle fasse effet. Il faut la prendre en avance pour qu'elle remettre votre horloge biologique à l'heure.

Supposons que vous voliez de New York à Paris. Selon cette méthode, il faut commencer à prendre de la mélatonine en petite quantité au moins trois jours avant de partir tout en avançant l'heure à laquelle vous allez vous coucher d'une heure par jour. Puis, environ six heures après être arrivé(e) en France, faites le plein de lumière vive, qu'elle soit naturelle ou artificielle.

Ne désespérez pas si ça ne fonctionne pas. D'ici quelques mois ou quelques années, le décalage horaire pourrait ne plus exister. Selon certains rapports publiés, des compagnies aériennes expérimentent de nouvelles méthodes pour aider leurs passagers à arriver en forme à destination.

Boeing, par exemple, conçoit des avions équipés pour surmonter les problèmes d'éclairage, de pression, d'humidité et de qualité de l'air qui font partie des causes du décalage horaire. Leurs avions seront équipés de vitres dont la transparence sera contrôlée électroniquement, de systèmes d'éclairage qui imiteront le lever du Soleil; l'air y sera plus humide; ils seront de plus équipés d'énormes hublots qui permettront aux passagers des places du milieu de regarder dehors et de systèmes de filtration qui élimineront les composés et les odeurs qui aggravent la fatigue. La pression en cabine sera plus faible, ce qui permettra de donner aux passagers environ 10 % d'oxygène en plus, si bien qu'ils seront moins fatigués.

Tout cela pour lutter contre le décalage horaire. S'ils pouvaient maintenant s'occuper de l'épouvantable nourriture que l'on nous sert à bord…

A-T-ON BESOIN DE MOINS DE SOMMEIL À MESURE QUE L'ON VIEILLIT ?

Un comédien a dit un jour que, lorsque nous vieillissons, nous bouclons la boucle de notre vie. Plus nous vieillissons et plus nous retombons en enfance. Lorsque nos dernières années arrivent, nous devenons grincheux, nous nous plaignons tout le temps, nous mangeons des aliments mous parce que nous n'avons plus de dents, nous sommes tout le temps fatigués, nous portons des couches et certaines personnes nous regardent parfois en disant : « Comme c'est mignon. »

On pourrait dire que c'est également vrai du sommeil. Les bébés font des siestes fréquentes et ne dorment que cinq heures par nuit, ce qui n'est pas sans rappeler certaines personnes âgées. En général, les seniors se couchent tôt, se lèvent tôt et les études montrent que l'on passe en moyenne deux heures de moins au lit quand on a soixante-dix ans que lorsqu'on en a trente.

La sagesse populaire explique que les personnes âgées n'ont tout simplement pas besoin de beaucoup dormir. Le sommeil n'est peut-être pas exactement une perte de temps, comme Thomas Edison l'a dit un jour, mais il semble que, lorsque l'on vieillit, on a de moins en moins besoin de dormir – en tout cas c'est ce que l'on pensait.

S'il semble que le besoin naturel de se reposer diminue avec l'âge, les recherches sur le sommeil montrent que ce n'est pas le cas.

En fait, la composition du sommeil change à mesure que l'on passe de moins en moins de temps dans les phases profondes et réparatrices du sommeil. La durée du sommeil paradoxal, au cours duquel nous rêvons et nos muscles se relâchent complètement, diminue de façon marquée avec l'âge, de même que les phases les plus profondes et réparatrices, les étapes 3 et 4. Chez les personnes qui ont plus de quatre-vingt-dix ans, ces phases peuvent même disparaître définitivement.

À l'inverse, la phase 1 du cycle de sommeil, celle du sommeil léger, augmente. Cela signifie que la probabilité d'être réveillé(e) par un bruit ou par le fait que votre voisin(e) se retourne augmente. Les seniors ont également plus de risques que leur sommeil soit perturbé par des douleurs, une maladie chronique, les effets secondaires des médicaments, le besoin d'aller aux toilettes ou d'autres inconforts physiologiques.

De ce fait, la nuit de sommeil typique d'une personne âgée est raccourcie et pleine d'interruptions. En conséquence, cette personne finit par moins dormir chaque nuit – et a donc besoin de rattraper ce déficit pendant la journée. Et le cycle continue.

Une étude publiée dans le *Journal of the American Geriatric Society* en 1992 a comparé un groupe de quarante-cinq personnes âgées de plus de soixante-dix-huit ans en bonne santé à un groupe de trente-trois adultes âgés de vingt ans à trente ans en bonne santé. Elle a découvert que, lors d'une nuit typique, le groupe de personnes âgées se réveillait plus fréquemment, avait une respiration plus irrégulière et plus de mouvements périodiques que le groupe de personnes plus jeunes. Les seniors avaient également plus besoin de faire la sieste dans l'après-midi pour être en forme ; ceux qui faisaient le plus la sieste avaient le sommeil le plus perturbé.

On n'a donc pas besoin de moins dormir en vieillissant, mais les personnes âgées n'arrivent pas à suffisamment dormir la nuit, quand c'est important. Même lorsque l'on est à la retraite et que l'on a plus de temps pour soi, dormir six ou sept heures d'affilée devient un combat. Appréciez donc de dormir pendant que vous êtes jeune parce que, un jour, ce sera beaucoup plus difficile.

LE TRYPTOPHANE DE LA DINDE NOUS REND-IL VRAIMENT SOMNOLENTS ?

Selon la sagesse populaire, la dinde contient beaucoup de tryptophane, un acide aminé qui, en tant que précurseur du neuromédiateur appelé sérotonine, joue un rôle dans le sommeil.

C'est la raison pour laquelle nous nous allongeons sur le canapé et nous avons un besoin irrépressible de dormir après avoir mangé de la dinde à Noël. C'est une raison, bien sûr, mais n'oublions pas le désir d'échapper à toute la famille, à la pile de plats et d'assiettes à laver et à ces films ennuyeux qui passent toute la journée à la télévision pendant les vacances. À chaque fois que je sors d'un tel repas ou presque, je ne rêve que d'un antiacide et d'une bonne sieste.

Mais ne croyez pas ce conte de bonnes femmes sur les effets soporifiques de la dinde. Quand on interroge la science, il semble que cette croyance relève plus du mythe que de la réalité.

La dinde est effectivement une source de L-tryptophane, un sédatif naturel. Mais, pour que le tryptophane ait un effet notable sur le cerveau, il faut le consommer à jeun. En présence d'autres acides aminés et nutriments, le tryptophane ne peut pas traverser la barrière hémato-encéphalique. Plus un repas contient de protéines et plus il est difficile pour le tryptophane d'atteindre le cerveau.

Mais, lorsqu'il n'y a presque que des glucides, les obstacles sont moindres. Les glucides stimulent le pancréas, qui libère de l'insuline. Cela fait sortir d'autres acides aminés du sang, ce qui libère de la place pour le tryptophane, qui a ainsi plus de chances d'être converti en sérotonine, qui nous rend somnolents.

Gardez à l'esprit que la dinde n'est pas le seul de nos aliments à contenir du tryptophane. On en trouve dans de nombreux aliments – le poulet, le bœuf haché, les pois – en aussi grande quantité que dans la dinde. On en trouve également dans le lait et dans les produits laitiers – c'est ce qui fait dire à certains qu'un verre de lait chaud permet de lutter contre l'insomnie.

Pour avoir plus de précisions, j'ai appelé le Dr Stasia J. Wieber, directrice du Center for Sleep Medicine (Centre de la médecine du sommeil) au Mount Sinai Medical Center à Manhattan. Wieber répondit à mes questions en m'avouant qu'on les lui posait en permanence. Elle aussi a dû démonter et expliquer que l'autre raison pour laquelle on somnole après avoir mangé beaucoup de dinde, c'est tout simplement parce que l'on a trop mangé et pas en raison du miracle du tryptophane.

Pensez à toute la graisse que nous mangeons à Noël – les toasts, la farce de la dinde, le fromage, le gâteau, les chocolats. Il nous faut beaucoup d'énergie pour digérer tout cela. Cela force notre corps à rediriger le flux sanguin en direction de l'estomac et à moins alimenter les autres organes. Et puis il y a les effets de l'alcool absorbé avec ces deux ou trois verres de vin et de champagne.

Pour ce qui est de l'effet sédatif du verre de lait chaud, la science reste vague. Il se peut que les effets soient purement psychologiques.

Wieber me confia que, « pour un grand nombre de personnes, un verre de lait chaud fait partie d'un rituel, comme mettre son pyjama, qui signale au corps que l'on s'apprête à aller se coucher ».

Ah, l'effet placebo. Ça doit être vrai. Rien que d'y penser, j'ai envie de dormir.

UN PETIT VERRE AVANT D'ALLER SE COUCHER PEUT-IL AIDER À DORMIR ?

Il y a un siècle, beaucoup de gens dans beaucoup de pays enfilaient un bonnet doux et soyeux avant de se mettre au lit. Les confortables couvre-chefs retenaient la chaleur et aidaient à dormir.

Mais, aujourd'hui, les bonnets de nuit ont tendance à prendre la forme d'un ou deux verres de whisky et beaucoup sont convaincus que l'alcool est un excellent antidote aux accès passagers d'insomnie. Mais, si un verre avant d'aller dormir peut vous aider à vous endormir plus rapidement, il y a de grandes chances pour que vous vous retourniez dans votre lit plus tard dans la nuit.

La raison en est que, après avoir induit une brève période d'éveil accru, l'alcool, un dépresseur du système nerveux central, endort. C'est cet effet calmant qui vous aide à vous endormir.

Quelques heures plus tard, l'alcool commence à perturber votre sommeil et peut vous garder éveillé(e) pendant une partie de la nuit. Le plus probable, c'est que vous dormirez mal, que vous aurez moins de sommeil profond et que vous vous lèverez plus tôt que d'habitude ; vous aurez donc l'impression de ne pas avoir assez dormi.

Une étude menée en 2002 par des chercheurs de la Wake Forest University aux États-Unis a établi qu'un seul verre avant d'aller se coucher suffit à perturber l'activité d'une partie du cerveau appelée thalamus, ce qui entraîne une insomnie. Une étude précédente de 1993 avait montré qu'une consommation modérée d'alcool le soir pouvait entraîner l'apparition des symptômes de l'apnée obstructive du sommeil – un rétrécissement ou un blocage des voies aériennes – chez des personnes qui ne souffrent normalement d'aucun trouble du sommeil. Prendre un verre avant d'aller se coucher peut également faire empirer les troubles du sommeil.

Il est intéressant de noter que les études montrent qu'environ la moitié des personnes alcooliques ont des problèmes de sommeil bien avant de commencer à boire, contre 10 % à 15 % pour le reste de la population. Personne ne sous-entend que les troubles du sommeil mènent à l'alcoolisme mais cela suggère qu'il y a peut-être un petit lien entre les deux.

Ce qui est peut-être plus important, c'est que l'alcool fait ronfler, comme beaucoup de gens le savent, ce qui peut pour le moins perturber la nuit de sommeil paisible de votre voisin(e).

LE BÂILLEMENT EST-IL CONTAGIEUX ?

Préparez-vous à bâiller de façon incontrôlable.

Ne vous en faites pas. Je ne veux pas dire que ce que vous allez lire est mortellement ennuyeux.

Comme nous l'avons sans doute tous remarqué, le bâillement peut avoir un impact si fort et immédiat que le seul fait de lire sur ce sujet, d'y penser ou de voir quelqu'un bâiller suffit à nous faire bâiller. Vous pouvez mettre au point une petite expérience pour le confirmer. Asseyez-vous à votre bureau à 14 heures et observez la vague de réactions en chaîne que le bâillement d'une personne en pleine digestion peut déclencher.

Et ce comportement n'est pas le fruit de notre époque moderne blasée. Le bâillement est un phénomène mystérieux dont les origines sont anciennes, et qui se retrouve dans les diverses branches du règne animal, chez les poissons, les crocodiles, les primates, les chiens et même les oiseaux. On a même vu des nouveau-nés et des fœtus humains bâiller.

Et, étonnamment, ce bâillement est contagieux.

Mais tout n'est pas blanc ou noir. Une série d'expériences scientifiques menée par les chercheurs de la State University de New York a montré que c'est en général les personnes qui ont des scores élevés aux tests de connaissance de soi et d'empathie qui sont les victimes de la contagion du bâillement. Ils ont découvert que cela s'applique à 50 % de la population américaine.

Comme les personnes qui ont des scores élevés aux tests d'empathie ont plus de chances d'être libérales et démocrates, comme d'autres études le montrent, on peut pousser un peu ces conclusions et affirmer que les libéraux et les démocrates – qui, allez comprendre, représentent 50 % de la population américaine – ont plus de chances de se faire bâiller les uns les autres. Il y a certainement là-dedans, une blague sur les démocrates.

Mais intéressons-nous aux 50 % restants de la population. Les études montrent que les personnes qui ne trouvent pas le bâillement contagieux ont plus de chances d'avoir des problèmes de reconnaissance de soi, dont l'illustration extrême est la schizophrénie. Ces personnes ont des scores faibles aux tests sur l'empathie.

Les animaux peuvent également être sensibles à la contagion du bâillement. Une étude menée par des chercheurs de l'université de Stirling en Écosse a montré qu'un tiers des chimpanzés adultes à qui l'on montrait une vidéo de chimpanzés en train de bâiller finissaient eux-mêmes par bâiller.

Mais, chose surprenante, personne ne sait exactement pourquoi une femme, un homme ou un chimpanzé se met à bâiller au départ. La sagesse populaire suggère que nous bâillons lorsque nous nous ennuyons. C'est une des raisons. Mais les scientifiques rapportent avoir vu des athlètes professionnels bâiller avant une compétition importante, des artistes, avant de monter sur scène et des chiens, avant de se sauter dessus.

Les personnes à l'esprit très scientifique affirment que nous bâillons lorsque nous n'avons plus assez d'oxygène dans le sang ou une accumulation de dioxyde de carbone dans notre système. Cette profonde respiration et l'ouverture de la bouche qui caractérisent le bâillement sont supposées lutter contre cette accumulation. Mais les études ont également montré que respirer de forts niveaux de dioxyde de carbone ne fait pas bâiller, pas plus que respirer de forts niveaux d'oxygène ne l'empêche.

Très bien, dites-vous ; et la fatigue ? Il est clair que la fatigue peut faire bâiller, non ? Pas exactement. Même si les recherches confirment que nous bâillons quand nous sommes fatigués – de toute évidence –, elles montrent également que c'est dans l'heure qui suit notre réveil que nous bâillons le plus, même après une bonne nuit de sommeil.

Soyez rassuré(e), suffisamment de scientifiques travaillent sur le sujet pour que l'on ait un jour la réponse à cette question.

Épilogue : La Terre, notre planète bizarre

On la rend responsable de l'augmentation de la criminalité, du nombre de suicides, des maladies mentales, de la fertilité et du fait que les chiens hurlent dans la rue. Elle a influencé la façon dont certaines personnes achètent et vendent des actions et en ont convaincu d'autres que leurs nuits blanches occasionnelles n'ont rien à voir avec un abus de télévision ou de café.

L'idée que la pleine lune déclenche des comportements bizarres traîne depuis des siècles. Les anciennes cultures considéraient la Lune comme un symbole de fertilité et, depuis les Romains, nous rendons les pleines lunes responsables de phénomènes invraisemblables. Nous avons le terme *lunatique* et, pour les anglophones, le terme *lunacy* signifie « démence ».

Depuis plusieurs décennies, toutes sortes de scientifiques – des gynécologues, des épidémiologistes, des psychologues et même un dentiste – ont essayé de tirer cette ancienne légende au clair. Et il se trouve que, aussi mystérieuse et séduisante la Lune soit-elle, il s'agit plus d'un fantasme que de la réalité.

Mais les études qui ont été proposées sont presque aussi excentriques que le mythe lui-même. Une étude s'est intéressée à des données sur le travail et a mis à jour que le taux d'absentéisme est en fait plus faible les jours de pleine lune que les autres jours. Une autre étude de 1982 a rendu la pleine lune et la nouvelle lune responsable d'une augmentation sensible du nombre d'accidents de voitures – jusqu'à ce que l'on découvre que les chercheurs avaient étudié des pleines lunes et des nouvelles lunes qui coïncidaient avec des week-ends, périodes où les accidents de la route sont plus nombreux.

Une autre étude, parue beaucoup plus récemment dans le *New England Journal of Medicine*, s'est intéressée à des milliers de naissances réparties sur cinquante et un cycles lunaires et n'a découvert aucune influence prévisible sur les naissances ou les complications au moment de l'accouchement. En revanche, les scientifiques ont découvert que la plupart des naissances ont lieu en fin de semaine, en grande partie parce que beaucoup de femmes préfèrent que leur accouchement soit provoqué avant le week-end, pleine lune ou pas.

D'autres études ont essayé de faire le lien entre la pleine lune et une augmentation des appels reçus par les centres anti-poison, des tentatives de suicides, des admissions en hôpital psychiatrique et du nombre d'homicides. Mais à toute étude qui affirme avoir mis un lien en lumière semble correspondre une autre étude plus rigoureuse qui la contredit.

Intéressons-nous un moment à l'effet direct que la pleine lune a sur la Terre. La Lune et le Soleil exercent une force gravitationnelle sur notre planète. Quand ils sont tous les deux du même côté, à la nouvelle lune, leurs forces gravitationnelles tirent sur les océans, ce qui crée de fortes marées. Le même phénomène se produit quand ils sont de chaque côté de la Terre, à la pleine lune.

Comme beaucoup de gens prétendent que les forces gravitationnelles de la Lune agissent sur nous car nous sommes composés à 80 % d'eau – pour résumer, un effet de marée sur les Hommes –, c'est la nouvelle lune qui devrait avoir le plus d'effet sur nous, à supposer qu'il y en ait un. L'autre problème, c'est que la faible attraction gravitationnelle de la

Lune n'est visible qu'au niveau des océans et dans les régions côtières, à une échelle beaucoup plus grande que la nôtre. En pratique, la force gravitationnelle que la Lune exerce sur nous est extrêmement faible – des millions de fois plus faible que la force que vous exercez sur ce livre.

Une autre théorie suggère que l'influence de la pleine lune est due à la lumière de la Lune plus qu'à son attraction gravitationnelle. Mais il semble difficile de croire qu'un petit surplus de lumière lunaire rendrait des centaines de personnes folles, inspirerait les criminels et déclencherait les accouchements.

Mais, pour s'en assurer, une équipe de scientifiques a préparé un rapport en 1996, qui examinait plus de cent études sur les effets de la Lune. Cette méta-analyse n'a mis en évidence aucune relation entre le cycle de la Lune et les naissances, les accidents de la route, les crimes, les catastrophes majeures et une douzaine d'autres phénomènes que l'on associe en général à la Lune.

Le seul comportement que la pleine lune semble influencer, c'est celui des scientifiques : cela leur donne une raison supplémentaire – comme nous l'avons vu dans ce livre – de mettre au point des expériences loufoques.

Note pour les lecteurs

Ce livre est peut-être terminé mais la rubrique « *Really?* » continue à vivre, à réfuter et à confirmer des idées bizarres sur notre santé tous les mardis dans le *Science Times*. Si vous suiviez cette chronique avant la parution de ce livre, alors vous savez, entre autres choses, quelle est la place la plus sûre dans une voiture, si prendre la pilule (oui, celle-là) fait prendre autant de poids que certains le prétendent et si boire du thé fait vraiment baisser le niveau de stress. Vous êtes hanté(e) par une question et vous aimeriez avoir la réponse ? Passons-la au crible de la science. Envoyez-moi un courrier électronique à l'adresse suivante : scitimes@nytimes.com.

À propos de l'auteur

Anahad O'Connor est reporter au *New York Times* et couvre les questions de science, de santé, d'immigration et de la vie quotidienne dans la région de New York et contribue à la chronique hebdomadaire « *Really?* » – baptisée en référence à son terme journalistique favori – de la rubrique *Science Times* du journal. Il vit à New York.

Remerciements

J'ai une dette envers tous les chercheurs dont les études scientifiques, à la fois loufoques et sérieuses, m'ont donné la matière de ce livre. Je suis également redevable aux nombreux fans de la chronique « *Really* ? » du *New York Times* qui m'ont donné, ces dernières années, une foule de questions fascinantes à explorer.

La chronique elle-même n'aurait jamais vu le jour sans le génie créatif d'Erica Goode, mon éditrice au *Science Times*, qui a relevé la chronique et l'a guidée à mesure qu'elle grossissait jusqu'à se transformer en livre. Mes amis et mes proches – Garren, Dave, Melissa et Steve, pour n'en nommer que quelques-uns – furent des sources constantes d'idées et de soutien.

Je suis reconnaissant à Alex Ward, directeur du développement des ouvrages au *Times*, pour son temps et son implication dans ce projet, à Robin Dennis, mon éditeur à Times Books, dont les révisions attentives et la formidable contribution ont énormément amélioré la qualité de ce livre. Merci également à Susan Edgerley, Joe Sexton, Chris Conway et Jodi Rudoren, mes patrons au *Times*, de m'avoir – gracieusement – permis de prendre sur mon temps de travail pour écrire. Que Christy Fletcher et Emma Parry, mes agents, reçoivent ici un grand merci pour leurs efforts. Et ma gratitude va également à Leif Parsons, dont les excellentes illustrations ornent ce livre, et à Jody Emery, l'illustratrice initiale de la chronique.

Merci également à Arthur Gelb, Soma Golden Behr, Laura Chang et tout le monde au *New York Times*, un journal incroyable qui est devenu ma deuxième famille.

Index

Photocomposition : **SCM**, Toulouse

051728 - (I) - (4) - OSB 100° - SCM - MPN

Achevé d'imprimer sur les presses de SNEL sa
Z.I. des Hauts-Sarts - Zone 3 – Rue Fond des Fourches 21 – B-4041 Vottem (Herstal)
Tél +32(0)4 344 65 60 - Fax +32(0)4 286 99 61
Avril 2008 – 44507

Dépôt légal : mai 2008

Imprimé en Belgique